영미시의 이해

그리고 한국시

정길화 편저

Ego Tripping

I was born in the congo
I walked to the fertile crescent and built the sphinx
I designed a pyramid so tough that a star
that only glows every one hundred years falls into
the center giving divine perfect light
I am bad

I sat on the throne drinking nectar with allah
I got hot and sent an ice age to europe to cool my
thirst
My oldest daughter is nefertiti the tears from my
birth pains created the nile
I am a beautiful woman

I gazed on the forest and burned out the sahara
desert with a packet of goat's meat and a change of
clothes
I crossed it in two hours
I am a gazelle so swift
so swift you can't catch me

For a birthday present when he was three
I gave my son hannibal an elephant
He gave me rome for mother's day
My strength flows ever on

신아사

차 례

Table of Contents

✤ 한국시편

❦들어가면서

좋은 시란 어떤 시를 말하는가? I. A. 리처즈(I. A. Richards)에 의하면, 시의 본질은 아이러니(irony)에 있다. 영국 낭만주의의 상상력 이론을 근거로 한 그의 시론은 아이러니를 상호모순 되는 양극단의 충동(opposite impulse)이 조화를 이루는 평형상태(equilibrium)라고 규정한다. 또한 리처즈는 이것이 아리스토텔레스가 언급한 비극적 효과를 유발하는 두 가지 상호모순적인 감정인 공포(terror)와 연민(pity)과 일맥상통한다고 파악하고 있다. 그리고 이 상호모순 되는 두 가지 감정들이 평형을 이루는 곳에서 카타르시스(catharsis) 즉, 감정의 정화(淨化)작용이 생겨난다고 주장하였다.

이를 전부 받아들인다면, 독자들은 여기에 실린 시를 읽을 때 우선 이 점을 염두에 두길 바란다. 왜냐하면, 독자들이 자신에게 생소한 시를 읽을 때, 이러한 방법을 통하여 시의 이해가 수월해지기 때문이다. 바꿔 말하자면, 이러한 시 감상의 과정에서 감정의 정화작용이 발생할 때 이 시들이 과연 진가가 있는 작품인지를 확인해볼 수 있을 것이며, 이는 매우 흥미로운 작업이 될 것이다.

한편 미국 낭만주의 문학의 대표적 작가 중의 한사람인 랄프 왈도 에머슨(1803-1882)은 그의 에세이인 「시인(The Poet, 1844)」에서 〈모든 사람은 진실에 의해 살아가고 표현의 필요성 때문에 일어선다. 우리는 사랑에서, 예술에서, 탐욕에서, 정치에서, 노동에서, 게임에서, 우리의 고통스런 비밀을 드러내기 위해 애쓴다. 사람은 오직 절반만이 자신이며, 나머지 절반은 자신의 표현이다〉라고 말하고 있다. 이는 에머슨이 그의 문학을 통하여 긍정적이고 새로운 개념의 자아를 주창하고 있음을 보여주는 것으로, 그의 예술적 표현이 자기 자신과 자연, 사회, 우주로 연결되는 하나의 세계에 대한 탐구과정임을 밝히는 것이며, 이는 그의 초절주의적(transcendental)이고 낭만적인 성향을 드러내는 것이다.

독창적이고 주관적인 자아를 존중하고 각 개인의 독특한 관점을 인정할 줄 알았던 에머슨을 비롯한 이들 낭만주의자들의 정신은 과연 오늘날 그 기력이 완전히 쇠하여 소멸되었다고 감히 주장할 수 있을까? 자아상실의 포스터 모던한 시대에 살고 있는 우리들로서는, 에밀리 디킨슨이 성공이나 삶의 진정한 의미를 그 반대 축에 있다고 할 패배나 죽음에서 캐내왔듯이, 오히려 완전한 자아의 긍정을 통하여 개인과 그를 둘러싼 사회, 자연, 우주의 역동적인 관계가 지녔을 본래적 비밀을 처음부터 다시 밝혀낼 수 있지 않을까?

이런 이유로 이 책은 삶의 다양성을 새로운 관점에서 밝히는 다소 긍정적인 내용의 작품들을 많이 담고 있다. 물론 이와 반대 축인 듯한 사회성 짙은 작품도 다소 포함되어 있을 줄 믿는다. 서두에 언급했듯이, 이들 모두 하나의 지향점이 있지 않을까? 다시 한번 말하거니와, 시가 지닌 여러 가지 보물과도 같은 매력 중에서 아이러니가 존재하는 것은 이런 연유가 아닐까 싶다. 나는 이 책에서 영미시의 흐름을 20세기와 낭만주의 시대를 중심축으로 14세기까지 조금씩 거꾸로 올라가 그 맥을 찾고자 한다.

이 책에 실린 시 작품들은 영문학 전공자인 나의 학창시절의 기억과 최근 문학 관련 강의를 해오던 중 필요에 의해 여러 명문선에서 추출된 것들이다. 여성과 아프리칸 아메리칸의 자아발견과 정체성에 대한 몇몇 시들은 전지구화 과정과 21세기에 접어든 요즘 독자들이 큰 관심을 보이지 않을까 싶어서 선택하였다. 또한 마치 협주곡의 카덴짜(cadenza)나 재즈 음악의 즉흥 연주 부분처럼, 최근에 출간된 노튼 영문학 명문선집이나 다른 시집들에서 새로이 눈에 띄는 작품을 즉흥적으로 선정하기도 했다. 이미 명성과 권위를 충분히 갖추고 있다고 할 수 있고 매우 중요하게 여겨지는 장시(長詩)들은 그들 중 일부만이라도 싣기도 했으나, 지면관계상 많은 부분이 생략되거나 제외되었다.

이 책에는 17세기 형이상학파의 사랑시를 포함하여 아주 중요하고 생명력 있다고 여겨지거나 최근에 새롭게 발견되어 그 빛을 발하고 있는 참신한 작품들도 실려 있기에, 독자들은 여기에 수록된 명시들을 더욱 흥미롭게 읽을 수 있으리라 믿는다.

이 책에서 일부 소개되고, 내 나름대로 내린 주관적인 해석 내지 감상을 독자들에게 강요할 생각은 추호도 존재하지 않는다. 오히려, 독자 개개인이 자기 자신만의 경험과 느낌으로 이 주옥 같은 시들을 새로이 감상할 수 있을 때, 이들 시 작품들이 새로이 그 빛을 발하지 않을까 싶다.

〈번역은 반역이다〉라는 말이 항상 있어왔지만, 이 책을 출간하게 된 것은 이전에 번역된 책들이 너무 오래되었을 뿐만 아니라, 21세기로 접어든 오늘날 신세대 독자들에게, 특히 여성 독자들이나 섬세한 감수성을 지닌 고급 독자들에게 시인들의 시적 감각을 제대로 호소하기 힘들게 되었다고 내 나름대로 판단을 내렸기 때문이다. 또한 여러 군데에서 발견되는 오역으로 인하여 일반 교양강좌에서의 영문학 전공이 아닌 학생들을 대상으로 한 교양강의가 원만하게 이루어지지 않았다는 자책감에서도 비롯되었다.

그러므로 이 책의 영미시 번역 부분은 이제껏 영미시를 읽고 싶어 하였지만 단지 원어가 어렵게 느껴져 접근할 기회를 가지지 못하는 일반 독자들을 위하여 원문에 충실하게 번역하였다. 하지만 원어를 배제시킬 수가 없어서 영어 원문도 포함하였다. 영미시 원어 부분은 영미시를 그간 제대로 이해할 수 없었던 독자들과, 혹 이를 통하여 영어 실력을 쌓으려는 독자들도 배려하여 구성하였다. 따라서, 이 책에 실린 시들은 그 길이에 있어서는 아무래도 그리 길지 않은 시들이며, 시들이 지닌 중요성 때문에 결코 빼놓을 수 없었던 장시들의 경우는 그중 일부분을 인용하였다.

내가 바라는 것은 이 책의 숙독과정을 거쳐서 독자들이 영미시에 대해 아주 큰 부담 없이 가벼운 마음으로 접근하게 하여 독자들에게 도움을 주고자 하는 것이다. 이를 위해 오래 전 이미 나와 있는 번역서보다는 한 차원 높은 번역을 하고자 시도하였는데, 이는 신세대 독자들에 맞는 언어의 필요성에서, 또한 국제화 시대에 발맞추어 좀 더 정확한 영어구문의 이해를 돕고자 하는 마음에서 비롯된 것이다. 또한 일부 한국시에서 볼 수 있듯이 비교문학적인 접근이 가능함을 깨우칠 수 있다면, 더 바랄 나위가 없겠다.

한국시의 경우에 있어, 몇몇 시들은 영미시와의 상호텍스트성(intertextuality)이 분명 존재한다. 예컨대, 김소월, 정지용, 김기림, 이상화의 몇몇 작품들이 그와 같은 상호텍스트성이 있음은 널리 알려진 사실이다.

영미시에 이어지는 한국시의 영역부분 또한 독자들의 흥미를 이끌 수 있다고 생각한다. 이미 국제화된 세계에서 한국시의 영역은 당연할 줄로 믿고, 내 나름의 노력으로, 한국이나 해외에 잘 알려진 한국시 몇 편을 소개하게 되었다. 국내 독자들을 위해 영미시는 한글로 번역을 하였지만, 그와 마찬가지로 한국시 또한 영어나 다른 외국어로 좀 더 널리 알릴 필요가 있을 것이다.

번역의 과정은 진화의 과정인 것 같다. 시에 대한 깊이 있는 이해의 과정과 더불어, 어떤 시는 수십 번의 교정 작업이 있어야 했다. 외국어문학 전공자로서 국문학자나 시인의 의견을 경청하기도 했다. 다른 외국문학 전공자나 신세대 독자인 대학생의 견해도 어느 정도 수용해야 했다. 그럼에도 불구하고 쉽게 해결되기엔 어려운 점들이 있는 것 같다. 세심한 고급독자의 눈에 하나라도 흠이 발견된다면, 그것은 모두 내 탓이리라. 하지만, 내 나름대로 최선을 다했기에, 큰 후회는 없다. 시를 사랑하고 세상과 타인을 폭 넓게 이해하는 마음으로 깊이 있게 낭송해 주었으면 한다. 모국어를 사랑하고 언어를 터득하며, 인간과 자연, 세상을 이해하기 위해선 시를 낭송하고, 시를 쓰는 과정이 매우 효과가 있다는 사실을 이 책을 준비하는 동안 깨닫게 되었다.

번역에 있어서 여러 학자들이 아무런 보상도 없이 원고를 읽어주어 큰 도움을 받았고, 그들의 의견을 존중하면서, 내 나름대로 고충도 많았다. 이분들의 값진 충고가 이나마 한권의 책으로 빛을 발할 수 있게 해주었다. 시인이신 들꽃 정대구 선생님, 차순자 선생님, 이화숙 선생님, 정민경 학생 등 여러분의 도움에 깊이 감사드린다. 그리고 옆에서 지켜봐 주시고 라틴어와 영문 해석에 있어 의심이 가는 철학적인 내용에 대한 나의 끈질긴 질문에 일일이 대답을 해주신 김용석 교수님께도 고마움을 전하고 싶다. 마지막으로 출판을 흔쾌히 허락해주신 신아사 정현걸 사장님께도 멀리서나마 감사의 말씀을 전하고 싶다. 또한 올리버를 비롯한 외국인 동료들에게도……

졸고이나, 개개의 작품은 그 중요성이 분명 존재하리라. 한번 그 의미를 깊이 있게 되새기고, 시를 진정 사랑하는 마음으로 독자 여러분들은 마음껏 감상하면서 상상의 나래를 펼치시길 바란다!

2007년 1월

천성산 기슭에서

정 길 화

영미시편

보편성

니키 지오바니 (1943-)

소년이 어디나 있음을
당신은 안다.
그것은 한
남자일 수 있고
한 여자
한 어린이
또는 어떤 존재일 수도 있다—
그러나 보통 그것은
내게 들렸던
한
깜둥이란 말이다.

Universality

Nikki Giovanni (1943-)

You see boy
is universal
It can be a
man
a woman
a child
or anything—
but normally it's
a
nigger
I was told

자아 여행

이유는 있으리라

니키 지오바니 (1943-)

난 콩고 강에서 태어났다
난 초승달 모양의 비옥한 땅으로 걸어가
　　스핑크스를 세웠다
난 아주 힘들여 피라미드를 설계했기에
　　천년에 한번 빛나는 별빛이
　　그 속으로 쏟아져 신성하고 완벽한 빛을 낸다
난 나쁘다

난 왕좌에 앉아
　　알라신과 함께 감로주를 들이켰다
난 너무 더워 갈증을 식히기 위해
　　유럽에 빙하 시대를 오게 하였다.
나의 장녀는 네페르티티다
　　나의 산고産苦로 흘린 눈물방울들이
　　나일 강을 창조했다
나는 아름다운 여인이다

Ego Tripping

there may be a reason why

Nikki Giovanni (1943-)

I was born in the congo
I walked to the fertile crescent and built
    the sphinx
I designed a pyramid so tough that a star
    that only glows every one hundred years falls
    into the center giving divine perfect light
I am bad

I sat on the throne
    drinking nectar with allah
I got hot and sent an ice age to europe
    to cool my thirst
My oldest daughter is nefertiti
    the tears from my birth pains
    created the nile
I am a beautiful woman

나는 숲을 응시하다 불태워버렸다
사하라 사막을
염소고기 한 묶음과
갈아입을 옷으로
나는 그곳을 두 시간 만에 건넜다
나는 아주 날랜 영양이다.
너무 날래서 그대는 날 잡을 수 없다

내 아들 한니발이 세살이 되었을 때
그에게 선물로 코끼리를 사주었다
그는 어머니날을 맞아 나에게 로마를 바쳤다
나의 강인함은 그 이후 줄곧 샘솟는다

내 아들 노아는 새 방주를 지었고
부드러운 어느 여름날 우리가 항해를 할 때
나는 자랑스럽게 키를 조종하고 있었다
나는 내 자신의 본성을 찾게 되어 예수가
되었다
사람들은 나의 사랑스런 이름을 읊조리고
모든 이가 찬미한다 모든 이가 찬미한다
내가 구원해줄 자라는 것을

난 내 뒷마당에 다이아몬드로 씨 뿌렸고
내 창자에서 우라늄을 빼낸다
내 손톱에 낀 것들은

I gazed on the forest and burned
    out the sahara desert
    with a packet of goat's meat
    and a change of clothes
I crossed it in two hours
I am a gazelle so swift
    so swift you can't catch me

    For a birthday present when he was three
I gave my son hannibal an elephant
    He gave me rome for mother's day
My strength flows ever on

My son noah built new ark and
I stood proudly at the helm
    as we sailed on a soft summer day
I turned myself into myself and was
    jesus
    men intone my loving name
    All praises All praises
I am the one who would save

  I sowed diamonds in my back yard
My bowels deliver uranium
  the filings from my fingernails are

북쪽 여행에서 가져온
준 보석류다
난 감기에 걸렸고 내 코를 풀어
아랍세계에 기름을 주었다
난 사정에 매우 밝기에 내 실수조차도 옳다
난 동쪽에 이르려 서쪽으로 항해했고 가다보니
지구를 한바퀴 돌았다
내 머리에 난 머리카락은 가늘어졌고 세 대륙에 걸쳐
황금빛이 깔렸다

난 너무 완벽하고 너무 신성하고 너무 영묘하고 너무 환상
적기에
내 허락에 의하지 않고선
난 이해될 수 없다

내 말은··난····날 수 있다
창공의 새처럼…

1970

semi-precious jewels
On a trip north
I caught a cold and blew
My nose giving oil to the arab world
I am so hip even my errors are correct
I sailed west to reach east and round off
the earth as I went
The hair from my head thinned and gold was laid
across three continents

I am so perfect so divine so ethereal so surreal
I cannot be comprehended
except by my permission

I mean. . . I. . . can fly
like a bird in the sky. . .

1970

대지의 시

개리 스나이더 (1930-)

넓도다, 한없이 바라볼 수 있을 만큼
광활하도다, 끝없이 이동할 수 있을 만큼
험난하도다, 강인해질 수 있을 만큼
푸르도다, 삶을 지속할 수 있을 만큼
장구長久하도다, 꿈들을 심어 줄 수 있을 만큼

Earth Verse

Gary Snyder (1930–)

Wide enough to keep you looking
Open enough to keep you moving
Dry enough to keep you honest
Prickly enough to make you tough
Green enough to go on living
Old enough to give you dreams

어미 곰

개리 스나이더 (1930-)

그녀는 베일로 자신을 감싼 채
연어 먹는 방식을 속삭이며
"당신이 내 방식을
어떻게 알겠어" 하며 나를 놀리고
온 산이 울리도록 나에게 키스하네.

첩첩산중, 좁은 계곡들,
구비 구비 너머로.
그녀의 입을 블루베리로 가득 채워
우리는 함께 먹네.

The Bear Mother

Gary Snyder (1930-)

She veils herself
to speak of eating salmon
Teases me with
"What do you know of my ways"
and kisses me through the mountain.

Through and its layers, its
gullies, its folds;
Her mouth full of blueberries,
We share.

술꾼

테드 휴즈 (1930-1998)

이 하얗게 얼어붙은 시골에서 포도는
나의 흑백혼혈 어머니라네. 그녀의 잎맥 있는 내부는
핏빛의 온실에 내가 다시 들어가도록
뜨겁게 열린 채 달려있네. 온실에 부딪쳐 돌로 된 세계는
이슬 한 방울로 가늘어져 증발하네.
한 컵이나 되는 내 피도, 그것의 검은 저류底流도
묽게 하지 못하네. 난 그 속에 흠뻑 젖어, 부풀어 오르네.
포도가 나의 완전한 과음으로 인해
나를 토해 낼 때까지. 난 갓난아이처럼
연약해졌네, 하지만 새로이 태어났네.

1967

Wino

Ted Hughes (1930–1998)

Grape is my mulatto mother
In this frozen whited country. Her veined interior
Hangs hot open for me to re-enter
The blood-coloured glasshouse against which the stone world
Thins to a dew and steams off—
Diluting neither my blood cupful
Nor its black undercurrent. I swell in there, soaking.
Till the grape for sheer surfeit of me
Vomits me up. I'm found
Feeble as a babe, but renewed.

1967

신학神學

테드 휴즈 (1930-1998)

아니오, 뱀이 이브를
사과나무로 유혹하지 않았소.
그 모두는 단지
타락한 현실 때문이오.

아담이 사과를 먹었소.
이브가 아담을 먹었다오.
뱀이 이브를 먹었지요.
이곳은 어두운 내장이오.

그러는 동안 뱀은,
천국에서 끼니를 끊고 자다가—
신神의 변덕스런 소환을
듣고선 미소 짓소.

1967

Theology

Ted Hughes (1930-1998)

No, the serpent did not
Seduce Eve to the apple
All that's simply
Corruption of the facts.

Adam ate the apple.
Eve ate Adam.
The serpent ate Eve.
This is the dark intestine.

The serpent, meanwhile,
Sleeps his meal off in Paradise—
Smiling to hear
God's querulous calling.

1967

푸른 도화선導火線으로 꽃을 몰아가는 힘은

딜런 토머스 (1914-1953)

푸른 도화선導火線으로 꽃을 몰아가는 힘은
내 푸른 나이를 몰아가고, 나무뿌리를 시들게 하는
나의 파괴자이네.
그래서 난 꾸부정한 장미에게 말 못하리
똑같은 겨울 열병에 의해 내 젊음도 굽어짐을.

바위사이 물을 몰아가는 힘은
내 붉은 피를 몰아가고, 물줄기를 마르게 해
나의 핏줄기를 밀랍처럼 만드네.
그래서 난 내 혈관들에게 말 못하리
산山 샘터에서 똑같은 입이 어떻게 빨아먹는지.

웅덩이 물을 빙빙 돌리는 손은
젖은 모래를 휘젓네. 부는 바람을 묶는 손은
내 수의壽衣 돛의 방향을 바꾸네.
그래서 목 매달린 자에게 나는 말 못하리
내 진흙에서 교수형 집행인의 석회가 어떻게 만들어지
는지.

The Force That Through the Green Fuse Drives the Flower

Dylan Thomas (1914–1953)

The force that through the green fuse drives the flower
Drives my green age; that blasts the roots of trees
Is my destroyer.
And I am dumb to tell the crooked rose
My youth is bent by the same wintry fever.

The force that drives the water through the rocks
Drives my red blood; that dries the mouthing streams
Turns mine to wax.
And I am dumb to mouth unto my veins
How at the mountain spring the same mouth sucks.

The hand that whirls the water in the pool
Stirs the quicksand; that ropes the blowing wind
Hauls my shroud sail.
And I am dumb to tell the hanging man
How of my clay is made the hangman's lime.

시간의 입술들은 수원지에서 거머리처럼 빨아대네.
사랑은 뚝뚝 떨어져 모이지만, 떨어진 피는
그녀의 상처를 가라앉히네.
그래서 바람에게 나는 말 못하리
별들로 에워싸인 시간이 어떻게 하늘에게 똑딱거렸는지.

그래서 애인의 무덤에게 나는 말 못하리
내 수의壽衣에서 똑같이 꾸부정한 벌레가 어떻게 기는지.

1933

The lips of time leech to the fountain head;
Love drips and gathers, but the fallen blood
Shall calm her sores.
And I am dumb to tell a weather's wind
How time has ticked a heaven round the stars.

And I am dumb to tell the lover's tomb
How at my sheet goes the same crooked worm.

1933

정원 위에 비친 햇빛

루이스 맥니스 (1907-1963)

정원 위에 비친 햇빛이
이내 굳어지고 차가워지니,
그 순간을 우리가
금망金網 속에 가둘 수 없고,
모든 것이 이야기될 때
우리는 용서를 구할 수 없으리.

자유로운 창같이 우리의 자유는
그 끝을 향하여 나아가네.
대지는 강요하네,
그 위로 시와 새들이 하강하도록.
그리고 이내, 나의 친구여,
우리는 춤출 시간 없으리.

하늘은 날기 좋아
교회 종소리와, 모든 사악한 쇠
사이렌과 그것의 이야기에 대해
도전했네.

The Sunlight on the Garden

Louis MacNeice (1907–1963)

The sunlight on the garden
Hardens and grows cold,
We cannot cage the minute
Within its nets of gold,
When all is told
We cannot beg for pardon.

Our freedom as free lances
Advances towards its end;
The earth compels, upon it
Sonnets and birds descend;
And soon, my friend,
We shall have no time for dances.

The sky was good for flying
Defying the church bells
And every evil iron
Siren and what it tells:

대지는 강요하네,
우리도 죽고, 이집트도 죽는다고

새로운 마음을 굳게 하고서
용서를 기대치도 않고,
그대랑 천둥과 비를 맞으며
기꺼이 앉아 있으리.
또한 감사하리,
정원에 비친 햇빛에게.

1937, 1938

The earth compels,
We are dying, Egypt, dying

And not expecting pardon,
Hardened in heart anew,
But glad to have sat under
Thunder and rain with you,
And grateful too
For sunlight on the garden.

1937, 1938

깜둥이가 강을 이야기하네

랭스턴 휴즈 (1902-1967)

난 강을 알고 있어요.
세상만큼 오래되고, 인간의 혈관에 흐르는 피보다도
　더 오래된 강을 난 알고 있지요.

내 영혼도 강처럼 깊이 자랐어요.

이른 새벽, 난 유프라테스 강에서 멱을 감았어요.
난 콩고 강가에 오두막을 지었고, 그곳이 날 얼러서 재웠지요.
난 나일 강을 바라보며 그 너머로 피라미드를 세웠어요.
난 에이브 링컨이 뉴올리언스로 내려갔을 때, 미시시피 강을
　노래하는 걸 들었고, 그 곳의 황토색 가슴이
　석양에 모두 황금빛으로 바뀌는 걸 보았지요.

난 강을 알고 있어요.
오래되고 어스레한 강을.

내 영혼도 강처럼 깊이 자랐지요.

1921, 1926

The Negro Speaks of Rivers

Langston Hughes (1902–1967)

I've known rivers:
I've known rivers ancient as the world and older than the
flow of human blood in human veins.

My soul has grown deep like the rivers.

I bathed in the Euphrates when dawns were young.
I built my hut near the Congo and it lulled me to sleep.
I looked upon the Nile and raised the pyramids above it.
I heard the singing of the Mississippi when Abe Lincoln
were down to New Orleans, and I've seen its muddy
bosom turn all gold in the sunset
I've known rivers:
Ancient, dusky rivers.

My soul has grown deep like the rivers.

1921, 1926

어머니가 아들에게

랭스턴 휴즈 (1902-1967)

그래, 아들아, 내가 말해줄게.
인생은 나에게 수정水晶 계단이 아니었단다.
인생 그 속엔 압정이 박혀 있었지.
나무가시들과,
갈라진 판자들,
그리고 바닥에 카펫이 깔려있지 않은—
살풍경殺風景도 있었지.
하지만 항상
난 그곳을 계속 딛고 올라,
목적지에 도달했으며,
모퉁이를 돌아 나왔단다,
가끔 빛이 전혀 없는
어둠 속을 지나야 했단다.
그러니 얘야, 돌아서지 마라.
조금 힘들다고 해서
발걸음을 멈추고 주저앉지 마라.
지금 추락하지 마라—
난 여전히 살아가고 있잖니, 얘야,

Mother to Son

Langston Hughes (1902-1967)

Well, son, I'll tell you:
Life for me ain't been no crystal stair.
It's had tacks in it,
And splinters,
And boards torn up,
And places with no carpet on the floor—
Bare.
But all the time
I'se been a-climbin' on,
And reachin' landin's,
And turnin' corners,
And sometimes goin' in the dark
Where there ain't been no light.
So boy, don't you turn back.
Don't you set down on the steps
'Cause you finds it's kinder hard.
Don't you fall now—
For I'se still goin', honey,

난 지금도 올라가고 있잖니,
나에게 인생은 수정水晶 계단이 아니었단다.

1922, 1926

I'se still climbin',
And life for me ain't been no crystal stair.

1922, 1926

꿈 변주곡

랭스턴 휴즈 (1902-1967)

햇살 내비치는 곳까지
나의 팔을 내뻗으며,
하얀 낮이 다하도록
빙빙 돌며 춤을 추네.
높다란 나무 아래
선선한 저녁이면 휴식을 취하고
그사이 밤은 부드러이 다가와,
  나처럼 거무스름하구나—
그건 나의 꿈이지!

태양의 얼굴에
나의 팔을 내뻗으며,
춤춘다네! 돈다네! 돈다네!
짧은 낮이 끝날 때까지.
창백한 저녁엔 쉰다네. . .
키 크고 호리호리한 나무야. . .
밤은 부드럽게 다가오는데
  나처럼 검구나.

1924, 1926

Dream Variations

Langston Hughes (1902–1967)

To fling my arms wide
In some place of the sun,
To whirl and to dance
Till the white day is done.
Then rest at cool evening
Beneath a tall tree
While night comes on gently,
  Dark like me—
That is my dream!

To fling my arms wide
In the face of the sun,
Dance! Whirl! Whirl!
Till the quick day is done.
Rest at pale evening. . .
A tall, slim tree. . .
Night coming tenderly
   Black like me.

1924, 1926

거무스름한 소녀를 위한 노래

랭스턴 휴즈 (1902-1967)

딕시의 저 먼 남부에서
(내 마음이 찢어진다)
그들은 검고 젊은 나의 연인을
십자로十字路 나무에 목매달았다.
딕시의 저 먼 남부에서
(공중 높이 달린 멍든 육신)
나는 백인 주 예수에게 물었지
기도가 무슨 소용이 있냐고.

딕시의 저 먼 남부에서
(내 마음은 찢어진다)
사랑은 울퉁불퉁하고 헐벗은 나무에 매달린
알몸뚱이 그림자일 뿐.

1927

Song for a Dark Girl

Langston Hughes (1902–1967)

Way Down South in Dixie
  (Break the heart of me)
They hung my black lover
  To a cross roads tree.
Way Down South in Dixie
  (Bruised body high in air)
I asked the white Lord Jesus
  What was the use of prayer.

Way Down South in Dixie
  (Break the heart of me)
Love is a naked shadow
  On a gnarled and naked tree.

1927

나 역시

랭스턴 휴즈 (1902-1967)

나 역시 아메리카를 노래하네.

나는 더 검은 형제이네.
사람들이 오면,
그들은 나를 부엌으로 보내어 먹게 하지만
나는 웃는다네,
그리고 잘도 먹는다네,
또한 강하게 자란다네.

내일,
사람들이 오면,
난 식탁에 앉아 있을 거라네.
그때,
"부엌에서 먹게" 라고
아무도 감히
나에게 말하지 못할 거라네.

게다가,
그들은 내가 얼마나 아름다운지 보게 될 거라네

I, Too

Langston Hughes (1902–1967)

I, too, sing America.

I am the darker brother.
They send me to eat in the kitchen
When company comes,
But I laugh,
And eat well,
And grow strong.

Tomorrow,
I'll sit at the table
When company comes.
Nobody'll dare
Say to me,
"Eat in the kitchen,"
Then.

Besides,
They'll see how beautiful I am

그리고 부끄러워 할 거라네—

나 역시 아메리카라네.

1932

And be ashamed—

I, too, am America.

1932

J. 앨프리드 프루프록의 연가戀歌

토머스 스턴 엘리엇 (1888-1965)

만일 내 대답이 세상으로 돌아올
사람에게 하는 것이라고 내가 생각한다면,
이 불길은 더 이상 움직이지 않고 머무르리.
그러나 이 심연에서 살아 돌아온 자가
아무도 없었기에, 내가 들은 말이 사실이라면,
난 그대에게 수치를 두려워하지 않고 대답하리.

그럼 우리 갈까요, 그대와 나,
탁자 위에 에테르로 마취된 환자처럼
저녁 어스름이 하늘을 향해 펼쳐져 있을 때,
우리 갈까요, 반쯤 버려진 거리들과,
하룻밤 싸구려 호텔들에서
불편한 밤을 보낼 때 투덜대는 은신처들과
굴 껍질 버려진 톱밥 깔린 레스토랑들을 지나.
위압적인 질문으로 그대를 이끄는
음흉한 의도를 지닌 지루한 논쟁처럼
이어지는 거리들을 지나. . .
'무슨 일이죠?' 라고, 오오, 묻지 말아요.
일단 가서, 방문이나 해봐요.
……

1910-11 1915, 1917

The Love Song of J. Alfred Prufrock

T. S. Eliot (1888–1965)

S'io credesse che mia risposta fosse
a persona che mai tornasse al mondo,
questa fiamma staria senza più scosse.
Ma per cio cche giammai di questo fondo
non torno vivo alcun, s'i'odo il vero,
senza tema d'infamia ti rispondo.

Let us go then, you and I,
When the evening is spread out against the sky
Like a patient etherised upon a table;
Let us go, through certain half-deserted streets,
The muttering retreats
Of restless nights in one-night cheap hotels
And sawdust restaurants with oyster shells:
Streets that follow like a tedious argument
Of insidious intent
To lead you to an overwhelming question. . .
Oh, do not ask, 'What is it?'
Let us go and make our visit.
...

1910-11 1915, 1917

공허(空虛)한 사람들

커츠 씨—그는 죽었다.
노인네 가이를 위해 한 푼을

토머스 스턴 엘리엇 (1888-1965)

I

우리는 공허한 사람들
우리는 짚으로 채워진 사람들
머리에 짚을
가득 채운 채 서로 기대어 있다. 아!
우리의 메마른 목소리들은,
우리가 함께 속삭일 때
고요하고 또 무의미하다
마른 유리를 스치는 바람처럼
우리의 마른 지하실에서
깨진 유리를 넘는 쥐의 발걸음처럼

형체 없는 모양, 빛깔 없는 그늘,
마비된 힘, 미동微動 없는 몸짓.

직시直視하지 않은 채, 죽음의 다른 왕국으로

The Hollow Men

Mistah Kurtz—he dead.
A penny for the Old Guy

T. S. Eliot (1888–1965)

I

We are the hollow men
We are the stuffed men
Leaning together
Headpiece filled with straw. Alas!
Our dried voices, when
We whisper together
Are quiet and meaningless
As wind in dry glass
Or rats' feet over broken glass
In our dry cellar

Shape without form, shade without colour,
Paralysed force, gesture without motion;

Those who have crossed

건너간 사람들은
우릴 기억한다—조금이라도 기억한다면—잃어버린
격렬한 영혼으로서가 아닌, 단지
짚으로 채워진
공허한 사람들로서.

1924-25

Without direct eyes, to death's other Kingdom
Remember us—if at all—not as lost
Violent souls, but only
As the hollow men
The stuffed men.

1924-25

『황무지』

최고의 장인(匠人)인
에즈라 파운드를 위하여

토머스 스턴 엘리엇 (1888-1965)

I. 죽은 자의 매장

4월은 가장 잔인한 달, 죽은 땅에서
라일락 나무들을 꽃 피우고,
기억과 욕망을 뒤섞어,
무뎌진 뿌리를 봄비로 흔들어댄다.
겨울은 계속 우리를 따뜻하게 해주었다, 건망증이 있는
눈雪으로 대지를 덮고,
어린 생명에게 마른 덩이줄기를 먹인다.
소나기와 함께 슈타른베르거제 호반湖畔 너머 찾아온
여름은 우릴 놀라게 했다. 우린 돌기둥 아래 멈췄다가
해가 나자 계속 걸어갔다, 호프가르텐 공원 안까지,
그리곤 커피를 마셨고, 한 시간 가량 이야기를 나눴다.
난 절대 러시아인이 아니에요. 리투아니아에서 왔지만, 진
짜 독일인이죠.
우리가 어렸을 적에 내 사촌인 대공大公 집에
머물렀을 때, 그가 나를 썰매에 태워 데려갔고,

From The Waste Land

FOR EZRA POUND
il miglior fabbro

T. S. Eliot (1888–1965)

I. The Burial of the Dead

April is the cruelest month, breeding
Lilacs out of the dead land, mixing
Memory and desire, stirring
Dull roots with spring rain.
Winter kept us warm, covering
Earth in forgetful snow, feeding
A little life with dried tubers.
Summer surprised us, coming over the Starnbergersee
With a shower of rain; we stopped in the colonnade,
And went on in sunlight, into the Hofgarten,
And drank coffee, and talked for an hour.
Bin gar keine Russin, stamm'aus Lituauen, echt deutsch.
And when we were children, staying at the
archdukes,
My cousin's, he took me out on a sled,

난 겁에 질렸다. 그는 말하길, 마리야,
마리야, 꼭 잡아. 그리고는 아래로 우린 내달렸다.
산에서 그대는 자유로움을 느낀다.
많은 밤 나는 책을 읽고, 겨울이면 남쪽으로 간다.

움켜잡은 뿌리들은 무엇이며, 이 돌투성이의
쓰레기에서 무슨 가지들이 자라는가? 사람의 아들아,
그대는 말할 수도 추측할 수도 없다, 그대가 아는 것은
부서진 이미지 더미 뿐, 그곳에 햇빛은 쨍쨍 내리쬐고,
죽은 나무와 귀뚜라미는 쉼터와 안식을 제공치 않고,
메마른 돌은 물소리를 내지 못한다.
……

1922

And I was frightened. He said, Marie,
Marie, hold on tight. And down we went.
In the mountains, there you feel free.
I read, much of the night, and go south in the winter.

What are the roots that clutch, what branches grow
Out of this stony rubbish? Son of man,
You cannot say, or guess, for you know only
A heap of broken images, where the sun beats,
And the dead tree gives no shelter, the cricket no relief,
And the dry stone no sound of water.
...

1922

『사중주四重奏 네 편』

번트 노튼

로고스는 모든 사람에게 공통적이지만 사람들은 저마다의 생각으로 산다. (단편 2, 77면, 1)
올라가는 길과 내려가는 길은 하나이고 동일한 것이다. (단편 60, 89면, 1)
: 딜즈 편編 『소크라테스 이전 철학자들의 단편』 (헤라클레이토스)

토머스 스턴 엘리엇 (1888-1965)

I.

현재의 시간과 과거의 시간은
아마 모두 미래의 시간에 존재할 것이고,
미래의 시간은 과거의 시간에 포함되리라.
모든 시간이 영원히 현재라면
모든 시간은 되찾을 수 없으리.
일어날 수 있었던 일은 일종의 추상抽象으로서
사색의 세계에서만
영원한 가능성으로 남으리.
일어날 수 있었던 일과 있었던 일은
한쪽 끝을 지향하는데, 그것은 항상 현재이다.
발소리들은 택하지 않은 통로로

From Four Quartets

Burnt Norton

But although the Word is common to all, the majority of people live as though they had each an understanding peculiarly his own. (I. p. 77. Fr. 2.)
The way up and the way down are one and the same. (I. p. 89. Fr. 60)
—Diels: Die Fragmente der Vorsokratiker (Herakleitos)

T. S. Eliot (1888–1965)

I.

Time present and time past
Are both perhaps present in time future,
And time future contained in time past.
If all time is eternally present
All time is unredeemable.
What might have been is an abstraction
Remaining a perpetual possibility
Only in a world of speculation.
What might have been and what has been
Point to one end, which is always present.
Footfalls echo in the memory

한 번도 열지 않았던 문을 향하여
장미의 정원 안으로 들어가
기억 속에 울려 퍼진다. 그리하여, 나의 말도
그대의 마음속에서 울려 퍼진다.
……
과거의 시간과 미래의 시간
일어날 수 있었던 일과 있었던 일은
한쪽 끝을 지향하는데, 그것은 항상 현재이다.
……

1936, 1943

Down the passage which we did not take
Towards the door we never opened
Into the rose-garden. My words echo
Thus, in your mind.
...

Time past and time future
What might have been and what has been
Point to one end, which is always present.
...

1936, 1943

『사중주四重奏 네 편』
번트 노튼

토머스 스턴 엘리엇 (1888-1965)

V.

오직 시간 속에서, 말은 움직이고
음악도 움직인다. 하지만 살아있는 것은
죽기 마련이다. 발화發話된 후, 말은
침묵에 이른다. 마치 중국 도자기가 여전히
자신의 정적靜寂 속에서 영원토록 움직이듯이,
오직 형식과 패턴으로,
말이나 음악은 정적靜寂에 이를 수 있다,
선율이 이어지는 동안, 바이올린의 정적靜寂,
그 정적靜寂만이 아니라, 공존이다,
또는 끝이 시작보다 앞서며,
시작하기 전과 끝나고 난 후
거기에 항상 끝과 시작이 있었다고 말해라.
그리고 모든 것은 항상 지금이다.
……

1936, 1943

From Four Quartets

Burnt Norton

T. S. Eliot (1888–1965)

V.

Words move, music moves
Only in time; but that which is living
Can only die. Words, after speech, reach
Into silence. Only by the form, the pattern,
Can words or music reach
The stillness, as a Chinese jar still
Moves perpetually in its stillness.
Not the stillness of the violin, while the note lasts,
Not that only, but the co-existence,
Or say that the end precedes the beginning,
And the end and the beginning were always there
Before the beginning and after the end.
And all is always now.
...

1936, 1943

헬렌

H.D. (힐다 두리틀, 1886-1961)

그리스 모두가 증오하네
하얀 얼굴 속에 정지停止한 눈동자를,
그녀가 서 있는 곳에서
올리브처럼 윤기를 내는 것을,
그리고 하얀 손을.

그리스 모두가 욕하네
그녀가 미소 지을 때 창백한 얼굴을,
그것이 창백해져 하얗게 될 때
더 깊이 증오하네,
과거의 마법과 과거의 불행을
떠올리면서.

그리스는 냉정히 바라보네,
사랑으로 태어난 신의 딸을,
그 차가운 발과 가장 가는
무릎을 지닌 미인이
시녀가 누워 있기라도 한다면,
진정 그녀를 사랑할 수 있음을,
장례식용 삼나무 사이의 하얀 재를.

1924

Helen

H.D. (Hilda Doolittle, 1886-1961)

All Greece hates
the still eyes in the white face,
the lustre as of olives
where she stands,
and the white hands.

All Greece reviles
the wan face when she smiles,
hating it deeper still
when it grows wan and white,
remembering past enchantments
and past ills.

Greece sees unmoved,
God's daughter, born of love,
the beauty of cool feet
and slenderest knees,
could love indeed the maid,
only if she were laid,
white ash amid funereal cypresses.

1924

오리애드

H.D. (힐다 두리틀, 1886-1961)

휘저어라, 바다여—
그대의 뾰족한 소나무를 휘저어라,
그대의 거대한 소나무를 우리들의
바위 위로 튀게 하라,
그대의 초원을 우리에게 던져라,
그대의 전나무 웅덩이로 우리를 감싸라.

1914, 1924

Oread

H.D. (Hilda Doolittle, 1886–1961)

Whirl up, sea—
whirl your pointed pines,
splash your great pines
on our rocks,
hurl your green over us,
cover us with your pools of fir.

1914, 1924

지하철역에서

에즈라 파운드 (1885-1972)

군중 속에 유령처럼 비쳐진 얼굴들
촉촉이 젖은 검은 가지 위의 꽃잎들.

1913, 1916

In a Station of the Metro

Ezra Pound (1885–1972)

The apparition of these faces in the crowd;
Petals on a wet black bough.

1913, 1916

『피사의 시편』

80, 493

에즈라 파운드 (1885-1972)

나는 사랑한다, 고로 나는 존재한다

From The Pisan Cantos

80, 493

Ezra Pound (1885–1972)

Amo ergo sum

『피사의 시편』
그대가 진정 사랑하는 것은

에즈라 파운드 (1885-1972)

그대가 진정 사랑하는 것은 온전히 남아있고,
나머지는 찌꺼기
진정 사랑하는 것은 그대에게서 떠나지 않으리
진정 사랑하는 것은 그대의 참된 유산
누구의 세계인가, 나의 세계인가 그들의 세계인가
또는 누구의 세계도 아닌가?
처음엔 보이는 게, 그 후 만질 수 있는 이상향이
그렇게 다가왔다, 비록 그것은 지옥의 궁전에 있었지만,
진정 사랑하는 것은 그대의 참된 유산
그대가 진정 사랑하는 것은 그대에게서 떠나지 않으리

From The Pisan Cantos

81, 520-1

Ezra Pound (1885–1972)

What thou lovest well remains,
                    the rest is dross
What thou lov'st well shall not be reft from thee
What thou lov'st well is thy true heritage
Whose world, or mine or theirs
                    or is it of none?
First came the seen, then thus the palpable
Elysium, though it were in the halls of hell,
What thou lov'st well is thy true heritage
What thou lov'st well shall not be reft from thee

『시편』 36, 180

에즈라 파운드 (1885-1972)

성聖스럽도다, 성聖스럽도다, 성교性交의 인식

From The Cantos

36, 180

Ezra Pound (1885–1972)

Sacrum, sacrum, inluminatio coitu

피아노

데이빗 허버트 로렌스 (1885-1930)

황혼녘에 부드러이, 한 여인이 내게 노래를 불러주네.
나의 지난날들을 회상回想케 하여, 나는 보네,
한 아이가 피아노 아래에 앉아, 딩동 거리는 현들의
큰 울림 속에,
노래 부르며 미소 짓는 어머니의 작고 균형 잡힌 발을
누르는 것을.

무심코, 그 노래에 대한 내밀內密한 익숙함이
나를 과거로 돌이켜, 내 심금心琴을 울리고 오래 전
일요일 저녁 가정의 일원이 되네, 겨울은 바깥에 있고
아늑한 거실에 울려 퍼지는 찬송가들과, 우리를 이끄는
딩동 거리는 피아노와 함께.

열정적으로 연주하는 웅장하고 검은 피아노에 맞춘
가수의 열창도 이젠 부질없네. 어린 날들의 마법에 걸려
어른다움은 추억의 홍수 속에 내던지고, 과거 생각으로
나는 아이처럼 우네.

1918

Piano

D. H. Lawrence (1885–1930)

Softly, in the dusk, a woman is singing to me;
Taking me back down the vista of years, till I see
A child sitting under the piano, in the boom of the tingling strings
And pressing the small, poised feet of a mother who smiles as she sings.

In spite of myself, the insidious mastery of song
Betrays me back, till the heart of me weeps to belong
To the old Sunday evenings at home, with winter outside
And hymns in the cozy parlor, the tinkling piano our guide.

So now it is vain for the singer to burst into clamor
With the great black piano appassionato. The glamor
Of childish days is upon me, my manhood is cast
Down in the flood of remembrance, I weep like a child for the past.

1918

단지 말하려는 것은

윌리엄 카를로스 윌리엄스 (1883-1963)

냉장고 안에
넣어 둔
자두들을
내가 먹었어요.

그것들은
아마 당신이
아침 식사를 위해
남겨 둔 거겠지요.

날 용서해요
그것들은 맛있었고
아주 달콤하고
아주 차가웠어요.

1934

This is Just to Say

William Carlos Williams (1883–1963)

I have eaten
the plums
that were in
the icebox

and which
you were probably
saving
for breakfast

forgive me
they were delicious
so sweet
and so cold

1934

이카로스의 추락을 담은 풍경

윌리엄 카를로스 윌리엄스 (1883-1963)

브뤼겔에 의하면
이카로스가 추락한 때는
봄이었다

한 농부가 그의 밭에
쟁기질하고 있었으며
그해의

모든 구경거리는
딸랑거림으로 알려졌다
바다 가장자리

가까이
그것과
관련되어

밀랍 날개를
녹였던
햇볕 속에 땀 흘리며

Landscape with the Fall of Icarus

William Carlos Williams (1883–1963)

According to Brueghel
when Icarus fell
it was spring

a farmer was ploughing
his field
the whole pageantry

of the year was
awake tingling
near

the edge of the sea
concerned
with itself

sweating in the sun
that melted
the wings' wax

대수롭지 않게
해변에서 떨어진 곳에선
아무도 알아채지 못한

첨벙거림이 있었으며
이것이
이카로스의 익사였다

1962

unsignificantly
off the coast
there was

a splash quite unnoticed
this was
Icarus drowning

1962

가을

T. E. 흄 (1883-1917)

가을밤의 차가운 감촉—
문밖을 거닐다가,
붉은 얼굴의 농부처럼 불그스레한 달이
울타리 너머로 기대선 모습을 난 보았네.
말 건네려 난 멈추지 않았고, 고개만 끄덕였네,
주위엔 동경憧憬하는 별들이 있었지
마을 어린애들같이 하얀 얼굴을 하고선.

1912

Autumn

T. E. Hulme (1883–1917)

A touch of cold in the Autumn night—
I walked abroad,
And saw the ruddy moon lean over a hedge
Like a red-faced farmer.
I did not stop to speak, but nodded,
And round about were the wistful stars
With white faces like town children.

1912

아이스크림의 황제

월러스 스티븐스 (1879-1955)

큼직한 시가를 마는 저 사내를 불러라,
저 근육질의 남자를, 그에게 휘젓게 하라
조리 컵 속에 탐욕스레 엉긴 연유煉乳를.
여자애들은 늘상 입는 옷차림으로
빈둥거리게 하라, 남자애들은
지난달 신문지들로 감싼 꽃들을 가져오게 하라.
존재란 겉모양의 종말에 있게 하라.
유일한 황제는 아이스크림의 황제이나니.

유리 손잡이가 세 개 빠진
전나무 화장대에서, 한때 그녀가
공작새를 수놓던 천을 펼쳐
그녀의 얼굴을 덮어라.
그녀의 곧추선 발이 튀어나온다면, 그것은 보여 주리
그녀가 얼마나 차갑고 무덤덤하게 되었음을.
등燈에 붙은 것은 그 빛이게 하라.
유일한 황제는 아이스크림의 황제이나니.

1922 ,1923

The Emperor of Ice-Cream

Wallace Stevens (1879–1955)

Call the roller of big cigars,
The muscular one, and bid him whip
In kitchen cups concupiscent curds.
Let the wenches dawdle in such dress
As they are used to wear, and let the boys
Bring flowers in last month's newspapers.
Let be be finale of seem.
The only emperor is the emperor of ice-cream.

Take from the dresser of deal,
Lacking the three glass knobs, that sheet.
On which she embroidered fantails once
And spread it so as to cover her face.
If her horny feet protrude, they come
To show how cold she is, and dumb.
Let the lamp affix its beam.
The only emperor is the emperor of the ice-cream.

1922, 1923

눈사람

월러스 스티븐스 (1879-1955)

겨울의 마음을 가져야 하리.
눈 덮인 소나무에 내린
서리와 가지들을 바라보려면.

오랫동안 추웠었지.
얼음 보풀 달린 로뎀나무와,
1월 태양의 먼 광휘光輝 속에

거칠어진 가문비나무를 바라보느라,
바람 소리, 몇 잎사귀 소리에 담긴
어떠한 불행도 떠올리지 않느라

그 소리는 똑같이 황량한 곳에 부는
똑같은 바람으로 가득 찬
대지의 소리라네

왜냐하면, 눈 속에서 이를 듣고 있는
그 자신이 무無인 사람은 그곳에
존재치 않는 무와 그곳에 존재하는 무를 바라보기에.

1921, 1923

The Snow Man

Wallace Stevens (1879–1955)

One must have a mind of winter
To regard the frost and the boughs
Of the pine-trees crusted with snow;

And have been cold a long time
To behold the junipers shagged with ice,
The spruces rough in the distant glitter

Of the January sun; and not to think
Of any misery in the sound of the wind,
In the sound of a few leaves,

Which is the sound of the land
Full of the same wind
That is blowing in the same bare place

For the listener, who listens in the snow,
And, nothing himself, beholds
Nothing that is not there and the nothing that is.

1921, 1923

시카고

칼 샌드버그 (1878-1967)

세상을 위한 돼지 도살자,
연장 만드는 자, 밀을 쌓아올리는 자,
철로에서 게으름피우는 자와 국가의 화물을 다루는 자.
격렬하고 억세고 떠들썩한
큰 어깨들의 도시.
……

1914

Chicago

Carl Sandburg (1878-1967)

Hog Butcher for the World,
Tool Maker, Stacker of Wheat,
Player with Railroads and the Nation's Freight Handler;
Stormy, husky, brawling,
City of the Big Shoulders:
...

1914

안개

칼 샌드버그 (1878-1967)

안개가 깔려온다
작은 고양이 발 위로.

말없이 웅크린 채
항구와 도시를
앉아서 바라보다
계속 나아간다.

1916

Fog

Carl Sandburg (1878–1967)

The fog comes
on little cat feet.

It sits looking
over harbor and city
on silent haunches
and then moves on.

1916

한 울타리

칼 샌드버그 (1878-1967)

이제 호숫가 돌집은 다 지어졌기에 일꾼들은
  울타리를 세우기 시작한다.
말뚝은 쇠막대들로 만들어져 강철의 날카로운 끝으로 그곳에
  쓰러지는 모든 이의 생명을 해치나니
울타리로는 걸작이나, 하층민과 모든 부랑자와
  배고픈 이들과 놀이터를 찾아 헤매는 모든 어린이들을
떼어놓는다.
쇠막대들을 넘어 강철의 날카로운 끝을 넘어가면
  죽음과 비와 내일 밖에 없으리.

1913 1916

A Fence

Carl Sandburg (1878–1967)

Now the stone house on the lake front is finished and
  the work-men are beginning the fence.
The palings are made of iron bars with steel points that
  can stab the life out of any man who falls on them.
As a fence, it is a masterpiece, and will shut off the
  rabble and all vagabonds and hungry men and all
  wandering children looking for a place to play.
Passing through the bars and over the steel points will go
  nothing except Death and the Rain and Tomorrow.

1913 1916

눈 내리는 저녁 숲가에서

로버트 프로스트 (1874-1963)

이 숲 주인이 누군지 알 것 같아.
하지만 그의 집이 마을에 있기에
그는 모르리, 나 여기 멈춰
그의 숲에 눈 쌓이는 걸 바라봄을 .

내 조랑말이 수상쩍게 여기리
한해의 가장 컴컴한 저녁
숲과 얼어붙은 호수 사이
농가도 아닌 근처에 멈춤을.

말은 방울을 흔들어대며
어떤 잘못에 대해 알려하네.
들리는 다른 소리는 한적한 바람과
포근한 눈송이 쓸리는 소리 뿐.

숲은 사랑스럽고, 어두워져 깊어가네.
하지만 난 지켜야 할 약속이 있기에,
또한 잠들기 전에 더 갈 길이 있네,
또한 잠들기 전에 더 갈 길이 있네.

1923

Stopping by Woods on a Snowy Evening

Robert Frost (1874–1963)

Whose woods these are I think I know.
His house is in the village though;
He will not see me stopping here
To watch his woods fill up with snow.

My little horse must think it queer
To stop without a farmhouse near
Between the woods and frozen lake
The darkest evening of the year.

He gives his harness bells a shake
To ask if there is some mistake.
The only other sound's the sweep
Of easy wind and downy flake.

The woods are lovely, dark and deep.
But I have promises to keep,
And miles to go before I sleep,
And miles to go before I sleep.

1923

가지 않은 길

로버트 프로스트 (1874-1963)

노란 숲 속 두 길이 갈라져 있어,
모두 가보지 못하고 한 길의
나그네인 게 슬퍼, 오랫동안 선 채
내가 볼 수 있는 먼 곳까지 바라보았네
그 길이 덤불로 구부러진 곳까지

그러다 똑같이 아름답고, 더 나은 듯한
요구를 지닌 다른 길을 택擇하였네,
그 길은 풀이 우거져 더 밟기를 원했기에.
그 점에 대해선 거기를 지나가게 되어
두 길은 정말 거의 똑같이 밟게 되었지,

그리고 그날 아침 두 길엔 어떤 발자국도
검게 남지 않은 낙엽들이 똑같이 쌓여 있었네.
오오, 첫 번째 길은 다음날을 위해 남겨 두었지!
하지만 길이 길로 이어지는 방식을 알기에,
다시 돌아오게 될지 나는 의심하였네.

지금부터 오래 오래 지난 후 어디에선가

The Road Not Taken

Robert Frost (1874–1963)

The roads diverged in a yellow wood,
And sorry I could not travel both
And to be one traveler, long I stood
And looked down one as far as I could
To where it bent in the undergrowth;

Then took the other, as just as fair,
And having perhaps the better claim,
Because it was grassy and wanted wear;
Though as for that the passing there
Had worn them really about the same,

And both that morning equally lay
In leaves no step had trodden black.
Oh, I kept the first for another day!
Yet knowing how way leads on to way,
I doubted if I should ever come back.

I shall be telling this with sigh

나는 한숨 쉬며 이 이야기를 하고 있으리.
숲 속 두 길이 갈라져 있어, 나는—
나는 덜 다닌 한 길을 택擇하였다고,
그리고 그로써 큰 차이가 생겼다고.

1916

Somewhere ages and ages hence:
Two roads diverged in a wood, and I—
I took the one less traveled by,
And that has made all the difference.

1916

그들은 오래가지 않으리

인생의 짧음에 우리들은 먼 희망들을 즐기지 못한다.

어니스트 다우슨 (1867-1900)

그들은 오래가지 않으리, 눈물과 웃음,
  사랑과 욕망과 증오는.
생각하건대 그들은 우리가 문을 지나간 후
          우리 안에 있을 곳이 없으리.

그들은 오래가지 않으리, 포도주와 장미들의 나날들은.
  희미한 꿈속에서
우리들의 길이 잠시 나타났다가, 꿈속에서
          사라지지.

1896

They Are Not Long

Vitae summa brevis spem nos vetat incohare longam

Ernest Dowson (1867–1900)

They are not long, the weeping and the laughter,
  Love and desire and hate:
I think they have no portion in us after
          We pass the gate.

They are not long, the days of wine and roses:
  Out of a misty dream
Our path emerges for a while, then closes
          Within a dream.

1896

시너러

나는 선한 시너러의 지배를 받던 과거의 내가 아니다.

어니스트 다우슨 (1867-1900)

지난밤, 아아, 어젯밤, 그녀의 입술과 내 입술 사이
그대의 그림자가 드리워졌어요. 시너러! 그대의 숨결은
키스와 포도주 사이에서 내 영혼에 뿌려졌어요.
그래서 나는 쓸쓸하였고 오랜 열정에 싫증났지요,
  그래요, 나는 쓸쓸하여 나의 머리를 숙였어요.
시너러! 나의 방식으로 나는 그대에게 충실했어요.

밤새 그녀의 따뜻한 가슴이 내 가슴위에 뜀을 느꼈어요,
온밤 사랑에 빠진 내 팔에 안겨 그녀는 누워 잠들었어요.
분명 속죄한 그녀의 붉은 입에 한 키스는 달콤했지요.
하지만 잠에서 깨어 새벽이 어스레해짐을 알았을 때,
  난 쓸쓸하였고 오랜 열정에 싫증났어요.
시너러! 나의 방식으로 나는 그대에게 충실했어요.
……

1891, 1896

Cynara

non sum qualis eram bonae sub regno Cynarae

Ernest Dowson (1867–1900)

Last night, ah, yesternight, betwixt her lips and mine
There fell thy shadow, Cynara! thy breath was shed
Upon my soul between the kisses and the wine;
And I was desolate and sick of an old passion,
  Yea, I was desolate and bowed my head:
I have been faithful to thee, Cynara! in my fashion.

All night upon mine heart I felt her warm heart beat,
Night-long within mine arms in love and sleep she lay;
Surely the kisses of her bought red mouth were sweet;
But I was desolate and sick of an old passion,
  When I awoke and found the dawn was grey:
I have been faithful to thee, Cynara! in my fashion.
...

1891, 1896

그는 하늘나라의 옷감을 원한다

윌리엄 버틀러 예이츠 (1865-1939)

나에게 금빛과 은빛으로 짠
하늘에서 수놓은 옷감이 있다면,
밤과 낮과 땅거미에 어울릴
파랗고 희미하고 어두운 빛깔의 옷감이 있다면,
나 그대 발아래 그 옷감을 펼쳐놓겠어요.
하지만 나는 가난하기에, 꿈만 꾸고 있어요.
그대의 발아래 내 꿈을 펼쳐놓았어요.
내 꿈 위를 지나기에 사뿐히 밟으시길.

He wishes for the Cloths of Heaven

William Butler Yeats (1865–1939)

Had I the heaven's embroidered cloths,
Enwrought with golden and silver light,
The blue and the dim and the dark cloths
Of night and light and the half-light,
I would spread the cloths under your feet:
But I, being poor, have only my dreams;
I have spread my dreams under your feet;
Tread softly because you tread on my dreams.

학자들

윌리엄 버틀러 예이츠 (1865-1939)

자신들의 죄를 잊어버린 대머리들,
늙고 학식 있는 존경할만한 대머리들이
시를 편집하고 주석을 달지.
그건 젊은이들이 미인의 무식한 귀에
아첨 떨려고 침대에서 뒹굴며,
절망에 찬 사랑으로 지어낸 것이네.
……

The Scholars

William Butler Yeats (1865–1939)

Bald heads forgetful of their sins,
Old, learned, respectable bald heads
Edit and annotate the lines
That young men, tossing of their beds,
Rhymed out in love's despair
To flatter beauty's ignorant ear.
...

비잔티움으로의 항해

윌리엄 버틀러 예이츠 (1865-1939)

1

저 곳은 늙은이의 나라가 아니다. 서로
껴안고 있는 젊은이들, 노래를 부르는
나무 속 새들, 저 죽어가는 세대들,
연어 폭포, 고등어로 넘치는 바다,
물고기와 짐승이나 새들은 온 여름 내내 칭송하네
생겨나고 태어나고 죽는 모든 것들을.
저 관능의 음악에 사로잡혀 모두가 무시하네
늙지 않는 지성의 기념비를.

2

늙은이란 단지 하찮은 것,
막대 위에 걸친 누더기, 영혼이 자신의
손뼉을 치며 노래하지 않는다면, 또한 사라질 드레스의
누더기 조각 전부를 위해 소리 높여 노래하지 않는다면,
또한 자신의 훌륭함의 기념비만을
연구하는 노래 학교가 그곳에 없다면.
그렇기에 나는 바다를 항해하여 왔노라
성스러운 도시 비잔티움으로.
……

1926, 9 1927

Sailing to Byzantium

William Butler Yeats (1865–1939)

1

That is no country for old men. The young
In one another's arms, birds in the trees
—Those dying generations—at their song,
The salmon-falls, the mackerel-crowded seas,
Fish, flesh, or fowl, commend all summer long
Whatever is begotten, born, and dies.
Caught in that sensual music all neglect
Monuments of unageing intellect.

2

An aged man is but a paltry thing,
A tattered coat upon a stick, unless
Soul clap its hands and sing, and louder sing
For every tatter in its mortal dress,
Nor is there singing school but studying
Monuments of its own magnificence;
And therefore I have sailed the seas and come
To the holy city of Byzantium.
...

1926, 9 1927

거울의 반대편

매리 엘리자베스 콜리지 (1861-1907)

어느 날 난 내 유리거울 앞에 앉아서,
 벌거벗은 환영幻影을 불러내었다,
옛날 그곳에 비치었던
 기쁘고 명랑한 모습들과는 다른—
여성스런 절망보다 더 거친,
 한 여자의 환영幻影을.

그녀의 머리카락은 양쪽 다 뒤로 뻗쳐있었고
 사랑스러움을 잃은 얼굴을 하고 있었다.
한때 세상 누구도 생각해낼 수 없던 것을
 숨길만한 부러운 게 이제 남지 않았다.
그것은 축성祝聖받지 못한 힘든 고뇌를 담은
 가시덤불 모양의 후광後光을 만들었다.

그녀의 입술은 열려 있었다—나눠진 붉은
 선들을 통해 아무런 소리도 들을 수 없었다.
그것이 무엇이든 간에, 그 무시무시한 상처는
 침묵과 비밀 속에 피를 흘렸다.
어떠한 탄식도 그녀의 비애를 달래주지 못했고,

The Other Side of a Mirror

Mary Elizabeth Coleridge (1861–1907)

I sat before my glass one day,
    And conjured up a vision bare,
Unlike the aspects glad and gay,
    That erst were found reflected there—
the vision of a woman, wild
    With more than womanly despair.

Her hair stood back on either side
    A face bereft of loveliness.
It had no envy now to hide
    What once no man on earth could guess.
It formed the thorny aureole
    Of hard unsanctified distress.

Her lips were open—not a sound
    Came through the parted lines of red.
Whate'er it was, the hideous wound
    In silence and in secret bled.
No sigh relieved her speechless woe,

그녀는 자신의 공포를 말할 목소리도 없었다.

그리고 그녀의 번득이는 눈 속에선
생의 욕구를 지닌 꺼져가는 불꽃이 비쳤다.
자신의 희망이 사라졌기에 미쳐,
질투심과 맹렬한 복수심,
그리고 변하지 않고 지칠 줄 모르는 강인함으로
치솟는 불길 속에 불을 댕겼다.

유리잔 속 그늘진 그림자,
수정水晶 표면을 가리지 말기를!
지나가라—더 아름다운 환영幻影들이 지나가듯이—
이제는 더 이상 돌아오지도 마라,
산란한 시간의 유령이 되어서,
"내가 그녀잖아!"라고 내가 속삭임을 그것은 들었다.

1882

She had no voice to speak her dread.

And in her lurid eyes there shone
The dying flame of life's desire,
Made mad because its hope was gone,
And kindled at the leaping fire
Of jealousy, and fierce revenge,
And strength that could not change nor tire.

Shade of shadow in the glass,
O set the crystal surface free!
Pass—as the fairer visions pass—
Nor ever more return, to be
The ghost of a distracted hour,
That heard me whisper, "I am she!"

1882

마녀

매리 엘리자베스 콜리지 (1861-1907)

나는 눈 맞으며 많이 걸었고,
키가 크지도 힘이 세지도 않아요.
내 옷은 젖었고, 내 이빨은 굳었고,
길은 험난하고 멀었지요.
나는 결실이 좋은 대지를 넘어 방황했지만,
이곳에는 온 적이 없어요.
오오, 나를 문지방 너머로 올려, 문 안으로 들여보내주세요!

살을 에는 바람은 잔혹한 적이에요.
난 감히 광풍狂風 속에 서 있지 못해요.
내 손은 돌이 되고, 내 목소리는 신음呻吟이 되어,
죽음 같은 최악의 순간은 지나갔어요.
난 아직도 작은 처녀에 지나지 않아,
나의 가냘프고 작은 발이 매우 아파요.
오오 나를 문지방 너머로 올려, 문 안으로 들여보내주세요!

그녀의 목소리는 자기 가슴 속의 욕망을
탄원하는 여자들의 목소리였다.
그녀는 왔으며—그녀는 왔다—흔들리는 불꽃이

The Witch

Mary Elizabeth Coleridge (1861–1907)

I have walked a great while over the snow,
And I am not tall nor strong.
My clothes are wet, and my teeth are set,
And the way was hard and long.
I have wandered over the fruitful earth,
But I never came here before.
Oh, lift me over the threshold, and let me in at the door!

The cutting wind is a cruel foe.
I dare not stand in the blast.
My hands are stone, and my voice a groan,
And the worst of death is past.
I am but a maiden still,
My little white feet are sore.
Oh, lift me over the threshold, and let me in at the door!

Her voice was the voice that women have,
Who plead for their heart's desire.
She came—she came—and the quivering flame

불길 속에 가라앉다 꺼졌다.
그것은 내 화로火爐에서 다시는 켜지지 않았다.
내가 서둘러 마루를 건너가,
그녀를 문지방 너머로 올려, 문 안으로 그녀를 들여보냈기에.

1892

Sank and died in the fire.
It never was lit again on my hearth
Since I hurried across the floor,
To lift her over the threshold, and let her in at the door.

1892

가장 사랑스런 나무

A. E. 하우스먼 (1859-1936)

가장 사랑스런 나무인, 눈앞의 벚나무는
가지마다 활짝 핀 꽃잎을 매달고서,
부활절을 맞아 하얀 옷을 입고
숲 속의 승마 길에 서 있네.

지금, 스무 해 세 번과 십년이란 내 인생에서
스무 살 시절은 다시 오지 않으리니,
일흔 번의 봄에서 스물을 제하면
쉰 번만 내게 남으리.

활짝 핀 꽃들을 바라보려면
쉰 번의 봄으론 부족하기에,
눈꽃 덮인 벚나무 보러
숲으로 나는 가리라

1896

Loveliest of Trees

A. E. Housman (1859–1936)

Loveliest of trees, the cherry now
Is hung with bloom along the bough,
And stands about the woodland ride
Wearing white for Eastertide.

Now, of my threescore years and ten,
Twenty will not come again,
And take from seventy springs a score,
It only leaves me fifty more.

And since to look at things in bloom
Fifty springs are little room,
About the woodlands I will go
To see the cherry hung with snow.

1896

성공이란

에밀리 디킨슨 (1830-1886)

성공이란 성공해보지 못한 이들이
가장 달콤하게 여긴다.
감로주甘露酒 맛을 이해하려면
극심한 궁핍을 겪어봐야 하리.

오늘 깃발을 움켜 쥔
모든 자줏빛 무리 가운데 누구도
성공에 대한 정의定意를
명쾌히 내릴 수 없으리.

그가 패배하여—죽어갈 때—
그의 금지된 귓가에
아련한 승리의 노랫가락이
고통 속에 뚜렷이 들려온다.

c. 1859 1878, 1890

J. 67

Emily Dickinson (1830–1886)
edited by Thomas H. Johnson

Success is counted sweetest
By those who ne'er succeed.
To comprehend a nectar
Requires sorest need.

Not one of all the purple Host
Who took the Flag today
Can tell the definition
So clear of victory

As he defeated—dying—
On whose forbidden ear
The distant strains of triumph
Burst agonized and clear!

c. 1859 1878, 1890

이름 없는 사람

에밀리 디킨슨 (1830-1886)

전 이름 없는 사람이에요! 그대는 누구시죠?
그대도—이름 없는 사람—인가요?
그러면 우린 한 쌍을 이루나요?
말하지 마세요! 아시듯이—그들이 소문낼지
　모르니까요.

중요한 사람—이 된다—는 건 정말
　따분해요!
감탄하는 습지濕地에게—한 마리 개구리처럼—
평생 지닐 준June이란—그대 이름을
　말하는 것은—
정말 공공연하지요!

c.1861 1891

J. 288

Emily Dickinson (1830-1886)

I'm Nobody! Who are you?
Are you—Nobody—Too?
Then there's a pair of us?
Don't tell! they'd advertise—you
  know

How dreary—to be—
    Somebody!
How public—like a Frog—
To tell one's name—the lifelong
    June—
To an admiring Bog!

c.1861 1891

지나친 광기는

에밀리 디킨슨 (1830-1886)

지나친 광기는, 분별력 있는 눈에는—
가장 신성한 감각이다—
지나친 감각은—가장 순전한 광기이다—
여기서 만장일치처럼 우세한 것은—
다수多數다
동의하면—당신은 제 정신이다—
반대하면—당신은 곧장 위험한 존재가 되어—
쇠사슬을 차게 된다—

c. 1862 1890

J. 435

Emily Dickinson (1830–1886)

Much Madness is divinest Sense—
To a discerning Eye—
Much Sense—the starkest Madness—
'Tis the Majority
In this, as All, prevail—
Assent—and you are sane—
Demur—you're straightway dangerous—
And handled with a Chain—

c. 1862 1890

도버 해협

매튜 아놀드 (1822-1888)

오늘밤 바다는 잔잔하네요.
조수潮水는 만조滿潮이고, 달은 해협 위에
어여삐 누워있네요. 프랑스 해안의 불빛은
명멸明滅하네요. 영국의 절벽은 저 고요한 만灣 밖에서,
희미하나 장대壯大하게 서있네요.
밤공기가 달콤해요, 창문 쪽으로 오세요!
바다가, 달빛으로 희뿌옇게 된 육지와 만나는 곳에서
기다란 물보라가 내는 소리만을,
들어보세요! 그대는 파도가 밀려갈 때와
높이선 해안까지 밀려올 때 내던져지는
자갈들이 부딪히는 소리를 듣고 있어요,
시작하다 멈추고, 다시 시작하여,
천천히 떨리는 운율로 영원한 슬픔의 선율을
들려주네요.

오래 전 소포클레스가
에게 해에서 그것을 들었고, 그의 마음에
인간의 불행인 혼탁한 썰물과 밀물을

Dover Beach

Matthew Arnold (1822–1888)

The sea is calm tonight.
The tide is full, the moon lies fair
Upon the straits—on the French coast the light
Gleams and is gone; the cliffs of England stand,
Glimmering and vast, out in the tranquil bay.
Come to the window, sweet is the night air!
Only, from the long line of spray
Where the sea meets the moon-blanched land,
Listen! you hear the grating roar
Of pebbles which the waves draw back, and fling,
At their return, up the high strand,
Begin, and cease, and then again begin,
With tremulous cadence slow, and bring
The eternal note of sadness in.

Sophocles long ago
Heard it on the Aegean, and it brought
Into his mind the turbid ebb and flow

떠올리게 했어요. 우리도
이 머나먼 북쪽 바닷가에서 다시 들으니,
그 소리에서 어떤 생각이 떠오르네요,

신앙의 바다도
한때는 만조滿潮였고, 지구의 해안을 에둘러
접어놓은 밝은 거들의 주름같이 놓여 있었죠.
하지만 나는 단지
구슬프고 길게 밀려나는 그 소리를 들을 뿐이죠,
밤바람의 숨결에 맞춰,
세상의 광막廣漠하고 황량한 가장자리와
벌거벗은 자갈이 놓여 있는 데로 물러나는 소리를.

아, 사랑하는 이여, 우리 서로
진실하여요! 그리 다채롭고 그리 아름답고
그리 새로운, 꿈나라처럼 우리 앞에
놓여있는 것 같은 세상에는,
정말 기쁨도 사랑도 빛도 없고,
확신도 평화도 없고, 고통에 도움이 되지도 못해요.
싸움과 도주의 혼동된 경보警報에 휩쓸린 채,
야밤에 무지無知한 군대들이 충돌하는 곳인
여기 어스름이 깃든 평원에 우리는 있어요.

ca. 1851 1867

Of human misery; we
Find also in the sound a thought,
Hearing it by this distant northern sea.

The Sea of Faith
Was once, too, at the full, and round earth's shore
Lay like the folds of a bright girdle furled.
But now I only hear
Its melancholy, long, withdrawing roar,
Retreating, to the breath
Of the night wind, down the vast edges drear
And naked shingles of the world.

Ah, love, let us be true
To one another! for the world, which seems
To lie before us like a land of dreams,
So various, so beautiful, so new,
Hath really neither joy, nor love, nor light,
Nor certitude, nor peace, nor help for pain;
And we are here as on a darkling plain
Swept with confused alarms of struggle and flight,
Where ignorant armies clash by night.

ca. 1851 1867

애너벨 리

에드거 앨런 포 (1809-1849)

아주 머나먼 한 옛날
  바닷가 어느 왕국에,
애너벨 리— 란 이름으로 알 수 있을
  한 소녀가 살았어요.
이 소녀는 날 사랑하고 내 사랑을 받을
  생각만으로 살았어요.

*그녀*는 어렸고 *나도* 어렸지요
  바닷가 이 왕국에서,
나와 나의 애너벨 리—는 사랑보다 더한 사랑으로
  서로 사랑을 했어요—
하늘의 날개달린 천사들이 그녀와 날 탐낼
  그런 사랑으로.

이것이 이유가 되어 오래 전
  바닷가 이 왕국에,
구름 속의 바람이 간밤에 불어와
  나의 애너벨 리를 싸늘하게 만들었어요.

Annabel Lee

Edgar Allan Poe (1809–1849)

It was many and many a year ago,
In a kingdom by the sea,
That a maiden there lived whom you may know
By the name of Annabel Lee;—
and this maiden she lived with no other thought
Than to love and be loved by me.

She was a child and *I* was a child,
In this kingdom by the sea,
But we loved with a love that was more than love—
I and my Annabel Lee—
With a love that the wingèd seraphs of heaven
Coveted her and me.

And this was the reason that, long ago,
In this kingdom by the sea,
A wind blew out of a cloud by night
Chilling my Annabel Lee;

그리하여 지체 높은 그녀의 친척들이 찾아와
  그녀를 내게서 멀리 데려갔지요,
바닷가 이 왕국의
  한 무덤 속에 가둬두려고.

하늘에서 반도 안 되는 행복을 누린 천사들이
  그녀와 날 부러워했어요—
맞아요!— 그게 이유였어요(바닷가 이 왕국의
  모든 이들이 알고 있듯이)
그래서 간밤에 구름으로부터 바람이 불어와
  나의 애너벨 리를 싸늘하게 죽이고 말았어요.

하지만 우리의 사랑은 어른들의 사랑보다—
  우리보다 아주 지혜로운 많은 이들의 사랑보다—
  아주 더 강했어요.
그래서 하늘 저 너머 천사들도
  바다 저 아래 악마들도
아름다운 애너벨 리—의 영혼에서
  내 영혼을 결코 떼어놓지 못해요.

달빛이 비칠 때면 난 항상, 아름다운 애너벨 리의
  꿈을 꾸기 때문이죠.
별들이 떠오를 때면 난 항상, 아름다운 애너벨 리의
  빛나는 눈동자를 느껴요.

So that her highborn kinsmen came
    And bore her away from me,
To shut her up in a sepulchre
    In this kingdom by the sea.

The angels, not half so happy in heaven,
    Went envying her and me—
Yes!— that was the reason(as all men know,
    In this kingdom by the sea)
That the wind came out of the cloud by night,
    Chilling and killing my Annabel Lee.

But our love it was stronger by far than the love
    Of those who were older than we—
    Of many far wiser than we—
And neither the angels in heaven above,
    Nor the demons down under the sea,
Can ever dissever my soul from the soul
    Of the beautiful Annabel Lee:—

For the moon never beams, without bringing me dreams
    Of the beautiful Annabel Lee;
And the stars never rise, but I feel the bright eyes
    Of the beautiful Annabel Lee;

그리하여 밤새도록 나는 누워 있어요.
내 사랑하는—내 사랑하는—내 생명인 내 신부 곁에서,
  바닷가 그녀의 무덤 속에서—
  철썩이는 바닷가 그녀의 무덤 속에서.

1849

And so, all the night tide, I lie down by the side
Of my darling—my darling—my life and my bride,
　　In her sepulchre there by the sea—
　　In her tomb by the sounding sea.

1849

그래, 우리 이제 방황하지 않으리

조지 고던 바이런 경 (1788-1824)

1

그래, 우리 이제 방황하지 않으리
　아주 밤늦게까지,
비록 가슴은 여전히 사랑스럽고
　달도 여전히 밝건만.

2

검劍은 자신의 칼집을 닳게 하고
　영혼은 젖가슴을 다 닳게 하니,
또한 가슴은 숨쉬기 위해 멈춰야 하고
　사랑도 휴식을 취해야 하리.

3

비록 밤이 사랑을 위해 만들어졌건만
　낮은 너무 빨리 돌아오리,
그러나 우리 이제 방황하지 않으리
　달빛을 밟고서.

1817　　　　　　　　　　　　　　　　1830

So, we'll go no more a roving

George Gordon, Lord Byron (1788–1824)

1

So, we'll go no more a roving
  So late into the night,
Though the heart be still as loving,
  And the moon be still as bright.

2

For the sword outwears its sheath,
  And the soul wears out the breast,
And the heart must pause to breathe,
  And love itself have rest.

3

Tough the night was made for loving,
  And the day returns too soon,
Yet we'll go no more a roving
  By the light of the moon.

1817 1830

희망은 행복이라 말하네

일의 원인을 아는 자는 행복하다. -버질

조지 고던 바이런 경 (1788-1824)

1

희망은 행복이라—사람들은 말하여도
　진정한 사랑은 과거를 소중히 여겨야 하리.
기억은 은총을 내릴 생각들을 일깨워,
　가장 먼저 떠올랐다—가장 나중에 사라진다네.

2

기억이 가장 사랑하는 것은 모두
　한때 우리의 유일한 희망이었네.
희망이 숭배했고 상실했던 것은
　기억 속에 모두 녹아버렸지.

3

아아! 그것은 전부 망상妄想이기에.
　미래는 먼 곳에서 우리를 속이고 있네.
우리는 자신이 기억하는 존재가 되지 못하며,
　지금의 우리를 감히 생각지도 못한다네.

1814　　　　　　　　　　　　　　　　　　　　1829

They say that Hope is happiness

Felix qui potuit rerum cognoscere causas.-VIRGIL

George Gordon, Lord Byron (1788–1824)

1

They say that Hope is happiness—
  But genuine Love must prize the past;
And Mem'ry wakes the thoughts that bless:
  They rose the first—they set the last.

2

And all the mem'ry loves the most
  Was once our only hope to be:
And all that hope adored and lost
  Hath melted into memory.

3

Alas! it is delusion all—
  The future cheats us from afar:
Nor can we be what we recall,
  Nor dare we think on what we are.

1814 1829

음악을 위한 시

조지 고던 바이런 경 (1788-1824)

미美의 여신이 지닌 딸들 가운데
　그대 같은 매력을 갖춘 이는 없으리.
그대의 부드러운 음성은 내게
　바다를 흐르는 음악 같구나.
그때, 그 소리에 매혹되어
대양大洋이 멈추는 것처럼,
파도는 가만히 누워 어렴풋이 빛나고,
달랜 바람은 꿈꾸는 듯하네.

한밤중의 달도 그 밝은 사슬을
　깊은 바다 너머로 수놓고 있네.
그 가슴은 갓난애가 잠들듯이
　부드러이 오르내리네.
그리하여 그 영혼은 그대에게 머리 숙이네
그대에게 귀 기울이고 숭배하기 위해.
여름날 대양大洋의 큰 물결처럼
벅차고도 부드러운 감정을 지니고서.

1816

1816

Stanzas for Music

George Gordon, Lord Byron (1788–1824)

There be none of Beauty's daughters
    With a magic like thee;
And like music on the waters
    Is thy sweet voice to me:
When, as if its sound were causing
The charméd ocean's pausing,
The waves lie still and gleaming,
And the lulled winds seem dreaming.

And the midnight moon is weaving
    Her bright chain o'er the deep;
Whose breast is gently heaving,
    As an infant's asleep.
So the spirit bows before thee,
To listen and adore thee;
With a full but soft emotion,
Like the swell of Summer's ocean

1816 1816

그녀는 아름답게 걷네

조지 고던 바이런 경 (1788-1824)

1

그녀는 아름답게 걷네, 구름 한점 없이
　별이 총총한 밤하늘처럼.
어둠과 밝음의 절정이 모두
　그녀의 모습과 그녀의 눈 속에 있네.
번쩍거리는 낮에게 하늘이 주려 하지 않는
　그 온화한 빛에 그리 부드러워지네.

2

그늘 한점 더하거나 빛 한줄기 모자랐다면,
　새까만 갈 까마귀 머리카락마다 물결쳐
그녀의 얼굴위로 부드러이 밝혀주는
　이름 모를 우아함을 절반이나 해쳤으리.
거기선 평온하고 달콤한 생각들로 그들 삶의 터가
　얼마나 순수하고 사랑스러운지 표현하네.

She walks in beauty

George Gordon, Lord Byron (1788-1824)

1

She walks in beauty, like the night
Of cloudless climes and starry skies;
And all that's best of dark and bright
Meet in her aspect and her eyes:
Thus mellow'd to that tender light
Which heaven to gaudy day denies.

2

One shade the more, one ray the less,
Had half the impair'd the nameless grace
Which waves in every raven tress,
Or softly listens o'er her face;
Where thought serenely sweet express
How pure, how dear their dwelling place.

3

아주 부드럽고 차분해도, 웅변적인
  저 뺨과 이마 위로,
승리하는 미소들과 타오르는 빛깔들이
  말해 주네, 선량하게 보냈던 날들을
이승의 모두와 평화로운 마음을
  순진무구한 사랑하는 가슴을!

1814년 6월 1815

3

And on that cheek, and o'er that brow,
    So soft, so calm, yet eloquent,
The smiles that win, the tints that glow,
    But tell of days in goodness spent,
A mind at peace with all below,
    A heart whose love is innocent!

June 1814 1815

『시편』 I

말을 위해 건배! 말을 위해 건배!

조지 고던 바이런 경 (1788-1824)

말을 위해 건배! 말을 위해 건배! 평화스런 광경이
  그의 영혼을 달래주지만, 그는 달린다, 항상 달린다.
  또다시 울적해지는 발작에 분기(奮起)하여
  매춘부와 술 사발을 구하지는 않는다.
  자신의 순례에 있어 의지할 목표를
  정하지도 않고서, 그는 위를 향해 비상(飛上)한다.
  여행을 하고픈 그의 갈증을 진정시키려 하기도 전에
  그 자신 너머로 변화무쌍한 광경들이 펼쳐지거나,
가슴을 가라앉히거나, 슬기로운 경험을 얻게 되리.

From Canto I, 28

To Horse! To Horse!

George Gordon, Lord Byron (1788–1824)

To horse! to horse! he quits, for ever quits
  A scene of peace, though soothing to his soul:
  Again he rouses from his moping fits,
  But seeks not now the harlot and the bowl.
  Onward he flies, nor fixed as yet the goal
  Where he shall rest him on his pilgrimage;
  And o'er him many changing scenes must roll
  Ere toils his thirst for travel can assuage,
Or he shall calm his breast, or learn experience sage.

그대 우는 모습을 나는 보았네

조지 고던 바이런 경 (1788-1824)

그대 우는 모습을 나는 보았네—그 크고 빛나는 눈물이
그 푸른 눈에서 솟아 나오는 것을.
그때 제비꽃 한 송이가 이슬방울을
떨어뜨리는 것이라 나는 생각했네.
그대 미소 짓는 모습을 나는 보았네—그대 곁에선
청옥靑玉의 광휘光輝도 빛나길 멈추었네.
그것은 그대의 시선에 가득 찬
생명의 빛에 필적할 수 없었기에.

저기 먼 태양으로부터 구름들이
그윽하고 감미로운 색조를 물들여,
다가올 저녁의 어스름이 좀체 이들을
하늘에서 내쫓지 못하듯이,
그 미소들은 가장 변덕스런 마음속에
자신의 순수한 기쁨을 나눠주네.
그 미소들의 빛남은 가슴너머 밝게 비추는
하나의 불꽃을 남기리.

I Saw Thee Weep

George Gordon, Lord Byron (1788–1824)

I saw thee weep—the big bright tear
Came o'er that eye of blue;
And then methought it did appear
A violet dropping dew;
I saw thee smile—the sapphire's blaze
Beside thee ceased to shine;
It could not match the living rays
That fill'd that glance of thine.

As clouds from yonder sun receive
A deep and mellow dye,
Which scarce the shade of coming eve
Can banish from the sky,
Those smiles unto the moodiest mind
Their own pure joy impart;
Their sunshine leaves a glow behind
That lightens o'er the heart.

무지개

윌리엄 워즈워스 (1770-1850)

하늘의 무지개를 바라볼 때면
  내 가슴은 뛰어 오르네.
내 삶이 시작될 때도 그랬으며
어른이 된 지금도 그러하네.
내 늙은 후에도 그러하길.
  그렇지 않으면 날 죽게 내버려두길!
어린이는 어른의 아버지라네.
바라건대 나의 나날들이
자연에 대한 경건敬虔한 마음으로 매여 있길.

1807

My Heart Leaps Up

William Wordsworth (1770–1850)

My heart leaps up when I behold
A rainbow in the sky:
So was it when my life began;
So is it now I am a man;
So be it when I shall grow old,
    Or let me die!
The Child is father of the Man;
And I wish my days to be
Bound each to each by natural piety.

1807

수선화水仙花

윌리엄 워즈워스 (1770-1850)

저 계곡과 언덕 너머 떠있는
구름 한 조각처럼 외로이 거닐다,
홀연히 난 한 무리의 수많은
황금빛 수선화를 보았네,
호숫가 나무 아래
미풍微風에 흔들리며 춤추는 모습을.

은하수銀河水 위로 환히
빛나고 반짝이는 별처럼 수선화는 이어져 있어,
만灣의 가장자리를 따라
끝없이 펼쳐져 있었네.
수많은 수선화를 난 한눈에 보았지,
흥겹게 춤추며 꽃송이를 흔드는 모습을.

옆 물결들도 춤을 추었지, 하지만 수선화는
기쁨에 겨워 반짝이는 물결들보다 더 나았네.
그렇게 쾌활한 벗과 함께라면,
시인은 기쁠 수밖에 없으리.

I Wandered Lonely As a Cloud

William Wordsworth (1770–1850)

I wandered lonely as a cloud
That floats on high o'er vales and hills,
When all at once I saw a crowd,
Ahost, of golden daffodils;
Beside the lake, beneath the trees,
Fluttering and dancing in the breeze.

Continuous as the stars that shine
And twinkle on the milky way,
They stretched in never-ending line
Along the margin of a bay:
Ten thousand saw I at a glance,
Tossing their heads in sprightly dance.

The waves beside them danced; but they
Outdid the sparkling waves in glee;
A poet could not but be gay,
In such a jocund company;

나는 바라보고 또 바라보았지만
그 광경이 가져다준 부富는 별로 생각지도 않았네.

이따금 아무 생각 없이 또는 생각에 잠겨
긴 의자에 누워 있을 때,
수선화는 고독의 축복인
저 마음의 눈 위로 번쩍이네.
바로 그때 내 가슴은 기쁨에 겨워
수선화와 함께 춤춘다네.

1807

I gazed—and gazed—but little thought
What wealth the show to me had brought:

For oft, when on my couch I lie
In vacant or in pensive mood,
They flash upon that inward eye
Which is the bliss of solitude;
And then my heart with pleasure fills,
And dances with the daffodils.

1807

세상은 우리에게 너무 심해요

윌리엄 워즈워스 (1770-1850)

세상은 우리에게 너무 심해요. 이른 아침부터 밤늦게까지,
벌고 쓰면서, 우리는 우리의 힘들을 낭비하고 있네요.
자연 속에서 우리는 우리의 것들을 보지 못하네요.
우리는 우리의 가슴들을 내다버렸어요, 더러운 재능이죠!
달빛에 자신의 가슴을 드러낸 이 바다와,
종일토록 울부짖다 잠이 든 꽃처럼 이제 한데 모여
이것 때문에, 모든 것 때문에, 우리는 사이가 틀어졌어요.
그것이 우릴 움직이지 않아요.—위대한 신이시여! 저는
낡아빠진 신조를 빨아먹는 이교도가 되겠어요.
그리하여 저는 이 즐거운 초원 위에 서서
저를 덜 외롭게 할 광경을 보겠어요.
프로테우스가 바다에서 솟아오르는 광경을 보겠어요.
늙은 트리톤이 장식달린 호른 부는 소릴 듣겠어요.

1802-4 1807

The world is too much with us

William Wordsworth (1770–1850)

The world is too much with us; late and soon,
Getting and spending, we lay waste our powers:
Little we see in Nature that is ours;
We have given our hearts away, a sordid boon!
This Sea that bares her bosom to the moon;
The winds that will be howling at all hours,
And are up-gathered now like sleeping flowers;
For this, for everything, we are out of tune;
It moves us not.—Great God! I'd rather be
A Pagan suckled in a creed outworn;
So might I, standing on this pleasant lea,
Have glimpses that would make me less forlorn;
Have sight of Proteus rising from the sea;
Or hear old Triton blow his wreathèd horn.

1802-4 1807

『순수의 노래』

어린 양

윌리엄 블레이크 (1757-1827)

어린 양아, 누가 너를 만들었느냐?
누가 너를 만들었는지 너는 아느냐?
누가 너에게 생명을 주었고 시냇가와
풀밭너머로 먹이를 주었는지.
양털로 된 빛나고 가장 보드라운 옷감으로 지은
기쁨의 옷을 누가 너에게 주었는지.
누가 너에게 그런 부드러운 음성을 주어
모든 계곡들이 기뻐했는지?
　어린 양아 누가 너를 만들었느냐?
　누가 너를 만들었는지 너는 아느냐?

　어린 양아 네게 말해줄게,
　어린 양아 네게 말해줄게!

그분은 자신을 양이라 하시어
네 이름으로 불린단다.
그분은 순하고 부드러우시어

From Songs of Experience

The Lamb

William Blake (1757–1827)

Little Lamb, who made thee?
Dost thou know who made thee?
Gave thee life & bid thee feed,
By the stream & o'er the mead;
Gave thee clothing of delight,
Softest clothing wooly bright;
Gave thee such a tender voice,
Making all the vales rejoice!
  Little Lamb who made thee?
  Dost thou know who made thee?

  Little Lamb I'll tell thee,
  Little Lamb I'll tell thee!

He is callèd by thy name,
For he calls himself a Lamb:
He is meek & he is mild,

어린아이가 되셨지.
나는 아이 너는 양,
우리는 그의 이름으로 불리지.
  어린 양아 신께서 널 축복하시길.
  어린 양아 신께서 널 축복하시길.

1789

He became a little child:
I a child & thou a lamb,
We are callèd by his name.
  Little Lamb God bless thee.
  Little Lamb God bless thee.

1789

『순수의 노래』

기쁨이란 유아乳兒

윌리엄 블레이크 (1757-1827)

“저는 이름이 없어요,
태어난 지 이틀밖에 안되었어요.”
너를 뭐라고 부를까?
“저는 행복하여서,
기쁨이 제 이름이죠.”
달콤한 기쁨이 너에게 생겨나길!

예쁜 기쁨아!
이틀밖에 안된 달콤한 기쁨아,
달콤한 기쁨아, 하고 나는 너를 부르네.
너는 미소 짓고,
나는 그동안 노래하네—
달콤한 기쁨이 너에게 생겨나길!

1789

From Songs of Innocence

Infant Joy

William Blake (1757–1827)

"I have no name,
I am but two days old."
What shall I call thee?
"I happy am,
Joy is my name."
Sweet joy befall thee;

Pretty joy!
Sweet joy but two days old,
Sweet joy I call thee;
Thou dost smile,
I sing the while—
Sweet joy befall thee.

1789

『경험의 노래』

병든 장미

윌리엄 블레이크 (1757-1827)

오오 장미여, 그대는 병들었구나.
울부짖는 폭풍우 속
밤에 날아다니는
눈에 보이지 않는 벌레가

진홍빛 기쁨으로 물든
그대 침대를 찾았고,
그의 어둡고 비밀스런 사랑은
그대 삶을 파괴시키네.

1794

From Songs of Experience

Sick Rose

William Blake (1757–1827)

O Rose, thou art sick.
The invisible worm
That flies in the night
In the howling storm

Has found out thy bed
Of crimson joy,
And his dark secret love
Does thy life destroy.

1794

『경험의 노래』

호랑이

윌리엄 블레이크 (1757-1827)

한밤 숲 속에서
환히 타오르는 호랑이야! 호랑이야!
어느 불멸의 손이나 눈이
너의 두려운 균형미를 고안했느냐?

어느 심연深淵이나 하늘에서
네 눈동자의 불꽃을 태웠느냐?
어느 날개 위를 그가 열망하느냐?
어느 손이 감히 그 불꽃을 붙잡느냐?

어느 어깨와 어느 솜씨로
너의 심장의 근육을 비틀 수 있었느냐?
또한 네 심장이 뛰기 시작했을 때
어느 두려운 손이? 어느 두려운 발이?

어느 망치가? 어느 족쇄가?
어느 난로에 네 머리가 있었느냐?

From Songs of Experience

The Tyger

William Blake (1757–1827)

Tyger! Tyger! burning bright
In the forests of the night,
What immortal hand or eye
Could frame thy fearful symmetry?

In what distant deeps or skies
Burnt the fire of thine eyes?
On what wings dare he aspire?
What the hand, dare seize the fire?

And what shoulder, & what art,
Could twist the sinews of thy heart?
And when thy heart began to beat,
What dread hand? what dread feet?

What the hammer? what the chain?
In what furnace was thy brain?

어느 모루가? 어느 두려운 이해력이
그것의 치명적인 공포를 감히 움켜쥐느냐?

별들이 자신의 창槍들을 내리 던졌을 때,
그리고 자신의 눈물로 하늘을 적셨을 때,
그가 웃었느냐, 그의 걸작을 보고서?
예수를 만드신 그 분께서 너를 만드셨느냐?

한밤 숲 속에서
환히 불타오르는 호랑이야! 호랑이야!
어느 불멸의 손이나 눈이
너의 두려운 균형미를 감히 고안해내었느냐?

1790-92 1794

What the anvil? what dread grasp
Dare its deadly terrors clasp?

When the stars threw down their spears,
And water'd heaven with their tears,
Did he smile his work to see?
Did he who made the Lamb make thee?

Tyger! Tyger! burning bright
In the forests of the night,
What immortal hand or eye
Dare frame thy fearful symmetry?

1790-92 1794

『경험의 노래』
아 해바라기여

윌리엄 블레이크 (1757-1827)

아 해바라기여! 시간이 지루해져,
태양의 발걸음을 세는구나,
나그네의 여행이 끝나는 곳에서
그 부드러운 황금의 기후를 좇는구나.

청춘이 욕망으로 애태웠고,
창백한 처녀가 눈으로 수의壽衣를 입었던 곳에서,
그들의 무덤에서 일어나 열망하네
나의 해바라기가 가고파하는 그곳을.

1794

From Songs of Experience
Ah Sun Flower

William Blake (1757–1827)

Ah Sun-flower! weary of time,
Who countest the steps of the Sun,
Seeking after that sweet golden clime
Where the traveller's journey is done;

Where the Youth pined away with desire,
And the pale Virgin shrouded in snow,
Arise from their graves and aspire,
Where my Sun-flower wishes to go.

1794

『경험의 노래』
사랑의 정원

윌리엄 블레이크 (1757-1827)

사랑의 정원으로 가서
나는 보았네, 한번도 보지 못한 것을.
풀밭 위 내 놀던 곳
그 중앙에 교회당이 서 있었네.

이 교회당 출입문들은 닫힌 채,
“그대는 하지 말지니” 라고 문 위에 써져 있었지.
그래서 난 수많은 향기로운 꽃들이 피어있는
사랑의 정원으로 향하였네.

그곳이 무덤으로 가득 차 있음을 나는 보았네,
꽃들이 있어야 할 곳에 묘비들이 있음을.
검은 가운을 걸친 성직자들이 순회하고 있었고,
내 기쁨과 욕망이 야생 덤불에 매여 있음을.

1794

From Songs of Experience

The Garden of Love

William Blake (1757–1827)

I went to the Garden of Love,
And saw what I never had seen:
A Chapel was built in the midst,
Where I used to play on the green.

And the gates of this Chapel were shut,
And "Thou shalt not" writ over the door;
So I turn'd to the Garden of Love,
That so many sweet flowers bore,

And I saw it was filled with graves,
And tomb-stones where flowers should be:
And priests in black gowns were walking their rounds,
And binding with briars my joys & desires.

1794

아프리카에서 미국으로 실려 옴에 대하여

필리스 위틀리 (1753?-1784)

내 이교도 땅에서 날 데려와, 내 어두운 영혼에게
하느님이 있음과 구세주 또한 있음을
이해하도록 가르쳐준 것은 축복이었어요.
한때 나는 구원을 찾지도 알지도 못했어요.
어떤 이들은 우리 흑인을 경멸에 찬 눈으로 바라보지요.
“저들의 피부색은 악마의 색이야.”
명심하세요 기독교도들이여, 흑인들은 카인처럼 검지만
세련될 수 있어, 천사의 행렬에 합류할 수 있음을.

1773

On Being Brought from Africa to America

Phillis Wheatley (c.1753–1784)

'Twas mercy brought me from my pagan land,
Taught my benighted soul to understand
That there's a God, that there's a Savior too:
Once I redemption neither sought nor knew.
Some view our sable race with scornful eye.
"Their color is a diabolic dye."
Remember, Christians, Negroes, black as Cain,
May be refined, and join the angelic train.

1773

예언자

에이브러햄 카울리 (1618-1667)

나에게 사랑을 가르친다고요? 그대 자신에게 재치나 더 가르치세요.
 난 사랑의 제일가는 교수敎授랍니다.
 스코틀랜드인들에게는 기교를, 유대인들에게는 겸손을 가르치세요,
 초조한 이들에겐 대담성을 가르치세요.
폭군의 궁정에선 비굴한 아첨을 가르치세요,
 먼 곳을 여행한 제수이트들에겐 거짓말을 가르치세요.
 불에겐 타는 법을, 바람에겐 부는 법을 가르치세요.
 여성에겐 변덕과 오만을 가르치세요
여기선 그대의 근면이 유용한지 보세요.
 하지만 제발, 사랑을 내게 가르치진 마세요

사랑의 신이, 만약 그런 게 있다면,
 내게서 사랑을 배워야 할 겁니다.
 아담의 죄 이래 모든 이의 가슴 속에
 살아있었다고 자랑하는 이여.
내 생명을, 아니 이보다 더한 애인을 사랑에 걸겠어요,

The Prophet

Abraham Cowley (1618–1667)

Teach me to love? Go teach thy self more wit:
  I chief professor am of it.
  Teach craft to Scots, and thrift to Jews,
  Teach boldness to the stews;
In tyrant's courts teach supple flattery,
Teach Jesuit's, that have travell'd far, to Ly.
  Teach fire to burn, and winds to blow,
  Teach restless fountains how to flow,
  Teach the dull earth, fixt to abide,
Teach woman-kind inconstancy and pride
See if your diligence here will useful prove;
  But, pr'ithee, teach me not to love

The god of love, if such a thing there be,
  May learn to love from me;
  He who does boast that he has been
  In every heart since Adam's sin;
I'll lay my life, nay, mistress on't, that's more,
I'll teach him things he never knew before;

사랑의 신에게 예전엔 그가 몰랐던 것들을 가르치겠어요.
 울먹이며 말하는 법과, 눈물로 말하는 법을
 깨우치도록 그에게 가르치겠어요,
 임종을 맞은 이들처럼, 한숨 쉬는 법을 가르치겠어요,
그때 한숨과 함께 영혼들 또한 빠져나가죠.
아직도 영혼은 남아있지만, 여전히 내게서 도망치려 하죠.
 빛과 열기가 해에게서 그러하듯이.

사랑의 콜럼버스는 나랍니다. 사랑 안에서,
 이전에 알려진 모든 것들보다 더 많은
 보물을 산출하는, 부유한 신세계들을
 발견해야 하는 자, 그는 나랍니다.
하지만 (난 두려워요) 나의 운명이 그의 운명처럼
내가 아니라 남들을 위해 그곳들을 발견할까봐.
 (난 알아요) 다가올 미래에 나를
 마지막이자 최고인 사랑의 예언자라고 부르게 될 것을.
 하지만, 아아, 그건 어쩌죠, 만약 그녀가
내 뮤즈의 건전한 이론들에 대해 듣기 싫어한다면?
만약 순교자의 운명이 내 몫으로 와야 한다면,
 미래의 명성은 현재의 순교가 되리.

I'll teach him a receipt to make
Words that weep, and tears that speak,
I'll teach him sighs, like those in death,
At which the souls go out too with the breath:
Still the soul stays, yet still does from me run;
As light and heat does with the sun.

'Tis I who's love's Columbus am; 'tis I,
Who must new worlds in it descry:
Rich worlds, that yield of treasure more
Than all that has been known before.
And yet like his I fear my fate must be
To find them out for others; not for me.
Me, times to come I know it shall
Love's last and greatest prophet call.
But, ah, what's that, if she refuse
To hear the wholesome doctrines of my Muse?
If to my share the prophet's fate must come,
Hereafter fame, here martyrdom.

내 친애하며 사랑하는 남편에게

앤 브래드스트리트 (1612?-1672)

둘이 하나인 게 있다면, 그건 분명 우리들이죠.
아내에게 사랑받는 남자가 있다면, 그건 당신이죠.
한 남자 품에 행복한 아내가 있다면,
그대 여성들이여, 할 수만 있다면 저와 비교해보아요.
당신의 사랑을 저는 금광 전체보다
동양의 부귀富貴 전부보다 더 귀히 여겨요.
그만한 제 사랑을 강물이 가라앉히지 못하고,
그만한 당신 사랑을 제가 갚을 길 없죠.
난 기도해요, 하늘이 당신에게 많이 보상하길.
그럼 우리 죽더라도 영원히 살 수 있도록,
사는 동안 사랑으로 그리 인내하며 살아요.

1678

To My Dear and Loving Husband

Anne Bradstreet (c.1612-1672)

If ever two were one, then surely we.
If ever man were loved by wife, then thee;
If ever wife was happy in a man,
Compare with me, ye women, if you can.
I prize thy love more than whole mines of gold
Or all the riches that the East doth hold.
Nor ought but love from thee, give recompense.
My love is such that rivers cannot quench,
Thy love is such I can no way repay,
The heavens reward thee manifold, I pray.
Then while we live, in love let's so persevere
That when we live no more, we may live ever.

1678

『실락원失樂園』

제 1 권, 1-26

존 밀턴 (1604-1674)

인간 최초의 불복종과, 치명적인 맛으로
세상에 죽음을 가져온 금단禁斷의 열매와,
에덴의 상실로 초래된 우리의 온갖 고뇌苦惱에 대하여,
마침내 한 위대한 인물이 우리를 복원시키고
축복의 자리를 회복할 때까지,
노래하라, 천국의 뮤즈여, 오렙이나 시나이 산의
은밀한 산정山頂에서 저 목자牧者를 감화시켜,
선택된 씨에게 어떻게 태초에 하늘과 땅이
혼돈으로부터 생겨났는지를 처음으로 가르쳤던 이여.
시온 언덕과 신탁神託으로 급히 흐르는 실로아의 시냇물이
당신을 더욱 기쁘게 한다면, 그래서 나는
나의 모험에 찬 노래에 당신의 도움을 구하려 한다.
중간비행 없이 아오니아 산 위로 솟구쳐 올라,
여태 산문이나 운문으로 시도되지 않은 것을 하련다.
그리고 바로 그대 정령이여, 신전들보다
올곧고 순수한 마음을 더 좋아하는 그대여,
그대는 알기에 날 가르쳐 주오. 그대는 처음부터

From Paradise Lost

BOOK I, 1-26

John Milton (1604–1674)

Of man's first disobedience, and the fruit
Of that forbidden tree whose mortal taste
Brought death into the world, and all our woe,
With loss of Eden, till one greater Man
Restore us, and regain the blissful seat,
Sing, Heavenly Muse, that, on the secret top
Of Oreb, or of Sinai, didst inspire
That shepherd who first taught the chosen seed
In the beginning how the Heavens and Earth
Rose out of Chaos: or, if Sion hill
Delight thee more, and Siloa's brook that flowed
Fast by the oracle of God, I thence
Invoke thy aid to my adventurous song,
That with no middle flight intends to soar
Above th' Aonian mount, while it pursues
Things unattempted yet in prose or rhyme.
And chiefly thou, O Spirit, that dost prefer
Before all temples th' upright heart and pure,

현존하였고, 활짝 편 힘찬 날개들로
광막한 심연 위에 비둘기처럼 묵상하며 앉아
그 노래를 잉태시켰도다. 내 속의 어둠을 밝히소서.
낮은 것을 일으켜 지탱해 주소서.
그리하여 이 논의의 절정에 이르러,
내가 신의 영원한 섭리를 주장하고,
인간들에 대한 신의 방식들을 정당화시킬 수 있도록.
……

1674

Instruct me, for thou know'st; thou from the first
Wast present, and, with mighty wings outspread,
Dovelike sat'st brooding on the vast abyss,
And mad'st it pregnant: what in me is dark
Illumine; what is low, raise and support;
That, to the height of this great argument,
I may assert Eternal Providence,
And justify the ways of God to men.
...

1674

사랑(3)

조지 허버트 (1593-1633)

사랑은 내게 받아들이라 명령하여도, 죽음과 죄로 인해,
　　　　내 영혼은 주춤하네.
하지만 눈치 빠른 사랑은 주저함을 지켜보다
　　　　나 처음 안으로 들어갈 때
더 가까이 다가와, 무엇을 원하는지
　　　　부드럽게 물었네.

나 대답하길, “여기 있을 만한 손님입니다”
　　　　사랑은 말하길, “너가 그 손님이 되리라.”
“불친절하고, 감사할줄 모르는 제가, 아아, 경애하는 이여,
　　　　저는 당신을 바라볼 수 없습니다.”
사랑은 내 손을 잡고서 미소로 대답했네,
　　　　“나 말고 누가 네 눈을 만들었지?”

“진실입니다, 주여. 하지만 저는 그것을 망쳐놓았습니다.
　　　　저의 수치가 가야할 곳에 가게 하시길.”
“너는 모르느냐?” 하고 사랑이 말했네, “누가 그 비난을 참
아냈지?

Love(3)

George Herbert (1593–1633)

Love bade me welcome: yet my soul drew back,
Guilty of dust and sin.
But quick-eyed Love, observing me grow slack
From my first entrance in,
Drew nearer to me, sweetly questioning
If I lacked anything.

"A guest," I answered, "worthy to be here":
Love said, "You shall be he."
"I, the unkind, ungrateful? Ah, my dear,
I cannot look on thee."
Love took my hand, and smiling did reply,
"Who made the eyes but I"

"Truth, Lord; but I have marred them; let my shame
Go where it doth deserve."
"And know you not," says Love, "who bore the blame?"

"경애하는 이시여, 그럼 제가 섬기겠습니다."
"앉거라," 하고 사랑이 말하길, "내 살을 먹어라."
그래서 나는 앉아서 성찬을 들었네.

1633

"My dear, then I will serve."
"You must sit down," says Love, "and taste my meat."
So I did sit and eat.

1633

아침인사

존 던 (1572-1631)

선의善意에서 나는 궁금해요, 우리가 사랑할 때까지
그대와 내가 뭘 하였는지? 그때까지 우리는 젖도 못 떼고,
시골의 향락에 빠져 있었나요, 유치하게?
아니면 일곱 명이 잠자는 동굴 속에서 코골고 있었나요?
그랬어요. 이것 아닌 모든 쾌락은 공상空想에 불과하죠.
내가 만약 어떤 미인이라도 보았기에
그녀를 원하고 가졌다면, 그건 단지 그대를 향한 꿈이었죠.

그리고 이제 두려움에서 서로 쳐다보지 않는,
깨어나는 우리의 영혼에게 아침인사를 하시죠.
사랑은 다른 광경의 모든 사랑을 조절하고,
하나의 작은 방을 하나의 세계로 만들기에.
바다 탐험자들에겐 신세계로 가도록 해요,
지도들에겐 세계 위의 세계를 보게 해요.
우린 하나의 세계를 가져요. 각각 하나이고 모두 하나인.

그대 눈 안에 내 얼굴이, 내 눈 안에 그대 얼굴이 떠올라,
그 얼굴들 안에서 참되고 평온한 마음은 휴식을 취하죠.

THE Good-Morrow

John Donne (1572–1631)

I wonder, by troth, what thou and I
Did, till we loved? Were we not weaned till then,
But sucked on country pleasures, childishly?
Or snorted we in the seven sleepers' den?
'Twas so; But this, all pleasures fancies be.
If ever any beauty I did see,
Which I desired, and got, 'twas but a dream of thee.

And now good morrow to our waking souls,
Which watch not one another out of fear;
For love all love of other sights controls,
And makes one little room an everywhere.
Let sea-discoverers to new worlds have gone,
Let maps to other, worlds on worlds have shown,
Let us possess one world; each hath one, and is one.

My face in thine eye, thine in mine appears,
And true plain hearts do in the faces rest;

어디에서 우리가 매서운 북쪽과 해지는 서쪽이 없는
더 나은 두개의 반구체半球體를 찾을 수 있을까요?
죽는 것은 무엇이나, 똑같이 섞이지 않았죠.
우리의 두 사랑이 하나가 되고, 그대와 내가 똑같이
사랑하여 누구도 느슨해지지 않는다면, 아무도 죽지 않죠.

1633

Where can we find two better hemispheres,
Without sharp North, without declining West?
Whatever dies was not mixed equally;
If our two loves be one, and thine and I
Love so alike that none do slacken, none can die.

1633

명상록 17

이제 천천히 소리 내며 말한다, 그대는 죽는다.
이제 이 종이 타인을 위해 부드럽게 울리며, 내게 이야기하길,
그대는 죽는다.

존 던 (1572-1631)

……그 누구도 자연히 완전한 섬은 아니다. 모든 이는 대륙의 한 조각이며, 본토의 한부분이다. 곶이 그러하듯이, 그대 친구들이나 자신의 장원莊園이 그러하듯이. 만일 흙덩어리가 바닷물에 씻겨진다면, 그만큼 유럽은 작아지게 된다. 어떤 이의 죽음도 나를 감소시킨다, 나는 인류 중 한 사람이기에. 그렇기에 누구를 위하여 종이 울리는지 알려고 사람을 보내지 마라. 그 종은 그대를 위하여 울리기에.……

1623 1624

Meditation 17

Nunc lento sonitu dicunt, morieris.

Now this bell tolling softly for another, says to me, Thou must die.

John Donne (1572–1631)

…No man is an island, entire of itself; every man is a piece of the continent, a part of the main. If a clod be washed away by the sea, Europe is the less, as well as if promontory were, as well as if a manor of thy friend's or of thine own were. Any man's death diminishes me, because I am involved in mankind; and therefore never send to know for whom the bell tolls; it tolls for thee.…

1623 1624

공기와 천사들

존 던 (1572-1631)

두 번이나 세 번, 난 그대를 사랑했어요
내가 그대의 얼굴이나 이름도 알기 전에.
말로써 그랬고, 형체 모를 정념情炎으로 그랬어요.
천사들은 종종 우리에게 영향을 미치고, 숭배되죠.
　　그대가 있는 곳으로 다가갈 때면 항상
어떤 아름답고 영광스런 무언가를 나는 보았어요.
　　하지만 어린애 같은 사랑이 깃든 내 영혼은
육신의 모습을 취해요, 아니면 아무것도 할 수 없어요.
사랑은 부모보다 고상하기에
육신일 순 없지만, 사랑은 육신을 취하기도 하지요.
　　그렇기에 그대가 뭘 하는지, 그리고 누구인지
　　난 사랑에게 묻게 했지요, 그리고 이제
사랑이 그대 육신의 모습을 취하게 허락하고
그대 입술, 눈, 이마에 사랑 그 자체를 새기죠.
그와 같이 사랑에 바닥짐을 싣고
더욱 견실하게 간다고 생각하는 동안,
감탄마저 가라앉힐 물건들로
사랑의 조각배에 과적過積했다는 걸 난 알았어요.

Air and Angels

John Donne (1572-1631)

Twice or thrice had I loved thee,
Before I knew thy face or name;
So in a voice, so in a shapeless flame,
Angels affect us oft, and worshiped be;
        Still when, to where thou wert, I came,
Some lovely glorious nothing I did see.
        But since my soul, whose child love is,
Take limbs of flesh, and else could nothing do,
More subtle than the parent is
Love must not be, but take a body too;
        And therefore what thou wert, and who,
          I bid love ask, and now
That it assume thy body I allow,
And fix itself in thy lip, eye, and brow.
Whilst thus to ballast love I thought,
And so more steadily to have gone,
With wares which would sink admiration,
I saw I had love's pinnace overfraught;

사랑이 작용하기엔 그대 머리카락 한 올 한 올이
너무 많고 많아, 뭔가 더 적당한 걸 찾아야 해요.
무無에서도, 지나치게 퍼진
눈부신 것들에서도, 사랑은 그 안에 존재할 수 없기에.
그때 천사는 자기보다 순수하진 못해도
순수한 공기의 얼굴과 날개들을 걸치는 것처럼,
그대의 사랑도 내 사랑의 천구天球가 될 수 있어요.
여인들과 남정네들의 사랑 사이에는
바로 공기와 천사의 순수성 사이에 있는
불일치와도 같은 것이 항상 존재할거예요.

1633

Every thy hair for love to work upon
Is much too much, some fitter must be sought;
For, nor in nothing, nor in things
Extreme and scatt'ring bright, can love inhere.
Then as an angel, face and wings
Of air, not pure as it, yet pure doth wear,
So thy love may be my love's sphere.
Just such disparity
As is 'twixt air and angels' purity,
'Twixt women's love and men's will ever be.

1633

사랑의 연금술

존 던 (1572-1631)

나보다 더 깊이 사랑의 광산을 팠던 이들이여,
그의 행복의 중심이 어디에 있는지 말해 봐요.
　　난 사랑을 하였고, 구하였으며, 이야기하였지만,
늙을 때까지 사랑하고, 구하고, 얘기해야 한다면,
난 감춰진 그 신비를 캐내지 않겠어요.
　　오오, 그건 전부 사기詐欺죠.
또한 어떤 연금술사도 지금껏 만병통치약을 구하지 못했지만
　　그의 불룩한 항아리를 찬미하듯이,
　　만약 도중에 어떤 향기롭거나
효능 있는 것이 그에게 생겨난다면.
그렇게 연인들은 풍성하고 긴 기쁨을 꿈꾸지만,
겨울 같은 여름밤을 구할 뿐.

우리의 안락, 우리의 번영, 우리의 명예, 우리의 전성기를
이 헛된 거품의 그림자를 위해 지불할까요?
　　사랑은 이것으로 끝나기에, 내 하인이
신랑 역할이란 짧은 순간의 경멸을 견뎌낼 수 있다면
내가 할 수 있을 만큼 행복해질 수 있다고요?

Love's Alchemy

John Donne (1572–1631)

Some that have deeper digged love's mine than I,
Say where his centric happiness lie;
I have loved, and got, and told,
But should I love, get, tell, till I were old,
I should not find that hidden mystery;
O, 'tis imposture all:
And as no chemic yet the elixir got,
But glorifies his pregnant pot,
If by the way to him befall
Some odoriferous thing, or medicinal;
So lovers dream a rich and long delight,
But get a winter-seeming summer's night.

Our ease, our thrift, our honor, our day,
Shall we for this vain bubble's shadow pay?
Ends love in this, that my man
Can be as happy as I can if he can
Endure the short scorn of a bridegroom's play?
That loving wretch that swears,

결혼하는 것은 육신肉身들이 아니라 마음이라고
단언하는 사랑스럽고 가엾은 이는,
이를 그녀의 천사다움에서 발견하는데,
그날의 거만하고 목쉰 음유시인의 노래에서 천계를
그가 듣는다고 단언함과 매한가지죠.
여자들의 속마음을 바라지 말기를. 그들이 최상일 땐
달콤하고 재치 있지만, 그들을 가져보면 단지 미라일 뿐.

1633

'Tis not the bodies marry, but the minds,
    Which he in her angelic finds,
    Would swear as justly that he hears,
In that day's rude hoarse minstrelsy, the spheres.
  Hope not for mind in women; at their best
  Sweetness and wit, they are but mummy, possessed.

1633

벼룩

존 던 (1572-1631)

이 벼룩 좀 봐요, 그리고 이 안에서 보세요,
당신이 부정否定하는 일이 얼마나 하찮은지.
먼저 나를 빨더니, 지금 그대를 빨고 있어요,
이 벼룩 안에 우리 두 사람의 피가 섞이네요.
이 일이 죄라고도, 수치라고도, 처녀성의 상실
이라고도, 말할 수 없다는 것을 당신은 알고 있죠.
 하지만 이 녀석은 구혼하기 전에 즐기네요,
 그리고 두 피가 하나로 되어 배가 한층 부풀어 올랐어요,
 그런데 이것은, 아아, 우리가 하려는 일보다도 더하네요.

오오 멈춰요, 한 마리 벼룩 안의 세 생명을 살려두세요.
그 안에서 우리는 거의, 아니, 결혼보다 더하지요.
이 벼룩은 당신과 나이며, 이곳이
우리들이 혼약을 맺은 침대이며 성당이지요.
부모님들과 당신이 불평하여도, 우리는 만나게 되었으며,
이 생生 흑옥黑玉의 벽들 속에 갇혀 있죠.
 습관이 당신으로 하여금 날 살해하려 해도
 거기에 덧붙여, 자살과 신성모독을

The Flea

John Donne (1572–1631)

Mark but this flea, and mark in this,
How little that which thou deniest me is;
Me it sucked first, and now sucks thee,
And in this flea our two bloods mingled be;
Thou know'st that this cannot be said
A sin, or shame, or loss of maidenhead,
  Yet this enjoys before it woo,
  And pampered swells with one blood made of two,
  And this, alas, is more than we would do.

Oh stay, three lives in one flea spare,
Where we almost, nay more than married are.
This flea is you and I, and this
Our marriage bed and marriage temple is;
Though parents grudge, and you, we are met,
And cloistered in these living walls of jet.
  Though use make you apt to kill me,
  Let not to that, self-murder added be,
  And sacrilege, three sins in killing three.

하지는 마세요, 세 생명을 죽여 생겨나는 세 가지 죄들을.

잔인하고 갑작스럽게, 당신은 그 이래
죄 없는 피로 당신의 손톱을 물들였나요?
당신에게서 피 한 방울 빤 것 외에
어디서 이 벼룩이 유죄일 수 있을까요?
하지만 의기양양하여, 당신은 자신이나
내가 지금 더 약해지지 않았다고 말하네요.
맞아요. 그럼 두려움이 얼마나 잘못되었는지 배우세요.
이 벼룩의 죽음이 당신에게서 생명을 앗아갔듯이, 당신이
나에게 굴복할 때, 단지 그만큼의 명예가 훼손될 거예요.

1633

Cruel and sudden, hast thou since

Purpled thy nail in blood of innocence?
Wherein could this flea guilty be,
Except in that drop which it sucked from thee?
Yet thou triumph'st, and say'st that thou
Find'st not thy self nor me the weaker now;
'Tis true; then learn how false fears be;
Just so much honor, when thou yield'st to me,
Will waste, as this flea's death took life from thee.

1633

『소네트』
나 그대를 한 여름날에

윌리엄 셰익스피어 (1564-1616)

나 그대를 한 여름날에 비할까요?
그대는 더 사랑스럽고 더 온화해요.
거친 바람이 오월의 사랑스런 꽃망울을 뒤흔들고
여름이라 빌린 기간은 너무나도 짧은 날이죠.
어떤 땐 너무 뜨거워 하늘의 눈은 환히 빛나다가
가끔씩 그의 황금색 얼굴빛이 어둑해져요.
모든 아름다운 것들은 때때로 쇠퇴하고,
우연히 또는 자연의 변화하는 과정에서 단정端正하지 않지요.
하지만 그대의 영원한 여름날은 사라지지 않고,
그대가 지닌 그 아름다움도 잃지 않을 거예요.
영원한 시구詩句들 속에서 그대가 시간과 대등하게 될 때,
죽음도 장막 속에 그대가 방황함을 자랑하진 못할 거예요.
인간이 숨을 쉴 수 있거나, 눈이 볼 수 있을 때까지 오래,
아주 오래도록 이 시는 살아, 그대에게 생명을 주지요.

1609

From Sonnets

18

William Shakespeare (1564–1616)

Shall I compare thee to a summer's day?
Thou art more lovely and more temperate:
Rough winds do shake the darling buds of May,
And summer's lease hath all too short a date:
Sometime too hot the eye of heaven shines
And often is his gold complexion dimmed;
And every fair from fair sometimes declines,
By chance or nature's changing course untrimmed;
But thy eternal summer shall not fade,
Nor lose possession of that fair thou ow'st;
Nor shall death brag thou wander'st in his shade,
When in eternal lines to time thou grow'st:
So long as men can breathe, or eyes can see,
So long lives this, and this gives life to thee.

1609

『소네트』
파도가 자갈로 덮인 바닷가로

윌리엄 셰익스피어 (1564-1616)

60

파도가 자갈로 덮인 바닷가로 향하여 가듯이,
우리들의 순간들도 그 종말로 서둘러가네요.
매 순간 먼저 가는 곳과 자리바꿈하며
모두가 앞서려고 계속 달음질치며 겨루지요.
한때 빛의 망망대해에서 탄생하여
기다가 성숙에 이르러, 그곳에서 왕관을 쓰게 되고,
허리 굽은 일식日蝕은 그의 영광에 대항하네요.
그의 재능을 주었던 시간은 이제 그것을 혼동시키네요.
시간은 젊음에 올려놓은 화려한 장식품들을 고정시켜
미인의 이마에 난 평행선들을 탐구하고,
자연의 진리라는 진품珍品들을 먹고 사네요,
베어가는 그의 낫에 아무 것도 저항하지 못하지요.
바라건대 나의 시는 시간에 저항하리니,
시간의 잔인한 손에도 불구하고, 그대의 가치를 찬미하며.

1609

From Sonnets

60

William Shakespeare (1564–1616)

Like as the waves make towards the pebbled shore,
So do our minutes hasten to their end;
Each changing place with that which goes before,
In sequent toil all forwards do contend.
Nativity, once in the main of light,
Crawls to maturity, wherewith being crowned,
Crooked eclipses gainst his glory fight,
And time that gave doth now his gift confound.
Time doth transfix the flourish set on youth
And delves the parallels in beauty's brow,
Feeds on the rarities of nature's truth,
And nothing stands but for his scythe to mow.
And yet to times in hope my verse shall stand,
Praising thy worth, despite his cruel hand.

1609

『캔터베리 이야기』
총 서시, 1-18

제프리 초서 (1343–1400)

사월이 그 감미로운 소나기로
삼월 가뭄을 뿌리까지 꿰뚫고,
꽃피우는 힘을 지닌 물로
모든 물관을 적실 때,
서풍 또한 그 감미로운 숨결로
모든 잣나무 숲과 벌판에서
부드러운 새싹을 움트게 하고, 젊은 태양이
백양궁의 반쯤 달렸을 때,
그리고 작은 새들이 노래를 불러
밤새 뜬눈으로 지새워—
그렇게 자연은 그들의 마음을 설레게 하네.
이때 사람들은 성지 순례를 가고자 하여,
여러 나라에 있는 먼 이름난 사원에 이르려
낯선 해변을 찾아다닌다.
특히 영국의 방방곡곡으로부터
캔터베리로 사람들이 간다.
그들이 병들었을 때 도와 준
성스럽고 복된 순교자를 찾아서.
…

1386-1400

From The Canterbury Tales

General Prologue, 1-18

Geoffrey Chaucer (1343–1400)

Whan that April with his showres soote
The droughte of March hath perced to the roote,
And bathed every veine in swich licour,
Of which vertu engendered is the flowr;
Whan Zephyrus eek with his sweete breeth
Inspired hath in every holt and heeth
The tendre croppes, and the yonge sonne
Hath in the Ram his halve cours yronne,
And smale fowles maken melodye
That sleepen all the night with open ye—
So priketh hem Nature in hir corages—
Than longen folk to goon on pilgrimages,
And palmeres for to seeken strange strondes
To ferne halwes, couthe in sondry londes;
And specially from every shires ende
Of Engelond to Canterbury they wende,
the holy blisful martyr* for to seeke
That hem hath holpen whan that they were seke.
...

1386-1400

■ 『캔터베리 이야기』 (제프리 초서)

*중세 영어라서 매우 어렵게 생각될 수 있다.
whan=when, his=its, soote=sweet, fresh droughte=drought, hath=has, perced=pierced, roote=root, veine=vein (i.e., in plants), vertu=virtue, swich=such, licour= liquid, Zephyrus =the West Wind, eek=also, breeth=breath, Inspired=Breathed into, holt=grove, heeth=field, croppes=shoots, fowles=birds, yonge=young, sonne=sun, yronne=run, ye=eye, hem=them, hir=their, corages=hearts, goon=go, palmeres=palmers, wide-ranging pilgrims, strange= foreign, strondes=shores of the Holy Land, ferne halwes=far-off shrines, couthe=known, sondry=various, holpen=helped, wende =went, blisful= blissful, seke=sick

*St. Thomas à Becket, murdered in Canterbury Cathedral in 1170.

토머스 베켓 캔터베리 성당의 대주교는 1170년 영국국왕이 보낸 자객 기사단에 의해 살해당하였다. T. S. 엘리엇은 이와 같은 역사적 사건에 대한 내용을 『대성당의 살인(Murder in the Cathedral)』(1935)이라는 〈회화체의(conversational)〉 시극이자 역사극을 통하여, 20세기라는 현대에 있어서 〈죄와 구원(guilt and redemption)〉의 문제와 그 의미를 새롭게 조명해 놓았다. 그럼으로 『대성당의 살인』은 〈정교한 현대 사회희극(a sophisticated modern social comedy)〉의 형식을 갖추고 있는 것이다.

『캔터베리 이야기』의 총 서시에서 묘사되는 순례자들의 행렬이 캔터베리 대주교의 순교라는 자기희생과 진정한 사랑의 의미를 깨달아가는 과정을 포함하고 있듯이, 20세기 이후의 현대인들은 엘리엇의 시와 극을 통하여 삶의 방향성을 새로이 발견할 수 있을 것이다. 이처럼, 초서의 『캔터베리 이야기』로부터 가장 잘 알려진 엘리엇의 『황무지(The Waste Land)』(1922)와 『대성당의 살인(Murder in the Cathedral)』에 이르기까지 영문학의 주된 흐름은 연면히 이어지고 있다.

-위 시의 일부를 현대 영어로 바꿔보면 다음과 같다.

When that April with his showers sweet
The drought of March has pierced to the root,
And bathed every vein in such liquid,
Of which virtue engendered is the flower;
When Zephyrus also with his sweet breath
Inspired hath in every grove and field
The tender shoots, and the young sun
Has in the Ram his halve courses run,
And small fowls make melody
That sleep all the night with open eye—
So prick them Nature in their hearts—
Then long folk to go on pilgrimages,
And wide-ranging pilgrims to seek strange shores
To far-off shrines, known in various lands;
And specially from every shires end
Of England to Canterbury they went,
the holy blissful martyr to seek
That them has helped when they were sick.

한국시편

『나는 너다』

503

황지우 (1952-)

새벽은 밤을 꼬박 지샌 자에게만 온다.
낙타야,
모래 박힌 눈으로
동트는 地平線을 보아라.
바람에 떠밀려 새 날이 온다.
일어나 또 가자.
사막은 뱃속에서 또 꾸르륵거리는구나.
지금 나에게는 칼도 經도 없다.
經이 길을 가르쳐 주진 않는다.
길은,
가면 뒤에 있다.
단 한 걸음도 생략할 수 없는 걸음으로
그러나 너와 나는 九萬里 靑天으로 걸어가고 있다.
나는 너니까.
우리는 自己야.
우리 마음의 地圖 속의 별자리가 여기까지
오게 한 거야.

1987

From I am You

503

Hwang Ji-Woo (1952-)

Dawn only comes to the one who stayed up all night.
Camel,
With your sand-stung eyes
Look to the daybreak horizon.
A new day comes pushed out by the wind.
Arise and let's go again.
Desert rumbles in the belly again.
Now I have neither sword nor Sutra.
Sutra itself teaches me no way.
The way,
Going forward, always lies behind.
Without an elliptical step,
However, you and I walk to the faraway blue sky.
'Cause I am you,
We are one.
The constellation on the map of our mind
Made us come here.

1987

겨울산

황지우 (1952-)

너도 견디고 있구나

어차피 우리도 이 세상에 세 들어 살고 있으므로
고통은 말하자면 월세 같은 것인데
사실은 이 세상에 기회주의자들이 더 많이 괴로워하지
사색이 많으니까

빨리 집으로 가야겠다.

Winter Mountain

Hwang Ji-Woo (1952-)

You too are enduring.
Because we are renting in this world, anyhow
Suffering is, so to speak, a kind of rent,
In reality opportunists suffer more
Because they have more thoughts.

I should rush to go home.

귀천

천상병 (1930-1993)

나 하늘로 돌아가리라
새벽빛 와 닿으면 스러지는
이슬 더불어 손에 손을 잡고,

나 하늘로 돌아가리라,
노을빛 함께 단둘이서
기슭에서 놀다가 구름 손짓하며는,

나 하늘로 돌아가리라.
아름다운 이 세상 소풍 끝내는 날,
가서, 아름다웠다고 말하리라……

Back to Heaven

Ch'ŏn Sang-Byŏng (1930-1993)

I'll go back to heaven
Hand in hand with the dew
That vanishes at a touch of dawn's light,

I'll go back to heaven.
Together with dusk, just the two of us
At a cloud's gesture, playing on the slope of a hill,

I'll go back to heaven,
At the end of my excursion to this beautiful world,
Going back, I'll say: It was beautiful···

누가 하늘을 보았다 하는가

신동엽 (1930-1969)

누가 하늘을 보았다 하는가
누가 구름 한 송이 없이 맑은
하늘을 보았다 하는가.

네가 본 건, 먹구름
그걸 하늘로 알고
일생을 살아갔다.

네가 본 건, 지붕 덮은
쇠항아리,
그걸 하늘로 알고
일생을 살아갔다.

닦아라, 사람들아
네 마음속 구름
찢어라, 사람들아,
네 머리 덮은 쇠항아리.

아침 저녁
네 마음속 구름을 닦고
티없이 맑은 영원의 하늘

Who can say he has seen the sky

Shin Dong-Yeop (1930-1969)

Who can say he has seen the sky
Who can say he has seen the sky,
Fair without a speck of cloud.

What you saw was, a dark cloud.
Thinking of it as the sky,
You've lived your whole life.

What you saw was, an iron pot
Covering the roof,
Thinking of it as a sky,
You've lived your whole life.

People, clean
The clouds from your hearts.
People, tear away
The iron pot covering your head.

Clean the clouds from your heart
And those who see the fair,
Eternal sky without a speck

볼 수 있는 사람은
외경을
알리라

아침 저녁
네 머리 위 쇠항아릴 찢고
티없이 맑은 구원의 하늘
마실 수 있는 사람은

연민을
알리라
차마 삼가서
발걸음도 조심
마음 아모리며.

서럽게
아 엄숙한 세상을
서럽게
눈물 흘려

살아가리라
누가 하늘을 보았다 하는가,
누가 구름 한 자락 없이 맑은
하늘을 보았다 하는가.

<高大文化>· 1969년 5월

May know
Reverence.

Mornings and evenings
Tear the iron pot on your head
And those who can breathe in
The fair everlasting sky without a speck

May know
Compassion,
I can only be cautious, respectfully,
Being careful of the steps
With my mind settled.

Sadly
Oh, against the solemn world
Sadly,
Shedding tears

I shall live.
Who can say he has seen the sky
Who can say he has seen the sky,
Fair without a speck of cloud.

May 1969

무도회

박인환 (1926-1956)

연기와 여자들 틈에 끼어
나는 무도회에 나갔다.

밤이 새도록 나는 광란의 춤을 추었다.
어떤 시체를 안고.

황제는 불안한 샹들리에와 함께 있었고
모든 물체는 회전하였다.

눈을 뜨니 운하는 흘렀다.
술보다 더욱 진한 피가 흘렀다.

이 시간 전쟁은 나와 관련이 없다.
광란된 의식과 불모의 육체…… 그리고
일방적인 대화로 충만된 나의 무도회.
나는 더욱 밤 속에 가랁아 간다.

석고의 여자를 힘있게 껴안고
새벽에 돌아가는 길 나는 내 친우가
전사한 통지를 받았다.

Dance Party

Park In-Hwan (1926-1956)

Caught in smoke and women
I went out to a dance party.

All night long I danced a crazy dance.
Holding a certain carcass.

The emperor was with an unstable chandelier
And everything was revolving.

Opening my eyes, the canal was flowing.
Blood thicker than alcohol was flowing.

At this time I am not related to war at all.
My dance party, filled with frenzied consciousness
And barren body...and one-sided dialogue.
I am sinking deeper in the middle of the night.

Embracing strongly the plaster woman
At dawn, on my way back home, I received a notice
That my close friend had been killed in action.

꽃

김춘수 (1922-2004)

내가 그의 이름을 불러주기 전에는
그는 다만
하나의 몸짓에 지나지 않았다.

내가 그의 이름을 불러주었을 때
그는 나에게로 와서
꽃이 되었다.

내가 그의 이름을 불러준 것처럼
나의 이 빛깔과 향기香氣에 알맞은
누가 나의 이름을 불러다오.
그에게로 가서 나도
그의 꽃이 되고 싶다.

우리들은 모두
무엇이 되고 싶다.
너는 나에게 나는 너에게
잊혀지지 않는 하나의 눈짓이 되고 싶다.

Flower

Kim Ch'un-Su (1922–2004)

Until I called her by name,
She had been
No more than a gesture.

When I called her name,
She came to me
To be a flower.

As I called her by name,
One, fit for the color and odor of me,
Please call my name.
I wish to be her flower, too
Coming near to her.

All of us wish
To be something.
You to me and I to you
Wish to be a gaze unforgettable.

풀

김수영 (1921-1968)

풀이 눕는다.
비를 몰아 오는 동풍에 나부껴
풀은 눕고 드디어 울었다.
날이 흐려서 더 울다가 다시 누웠다.

풀이 눕는다.
바람보다도 더 빨리 눕는다.
바람보다도 더 빨리 울고
바람보다 먼저 일어난다.

날이 흐리고 풀이 눕는다.
발목까지
발밑까지 눕는다.
바람보다 늦게 누워도
바람보다 먼저 일어나고
바람보다 늦게 울어도
바람보다 먼저 웃는다.
날이 흐리고 풀뿌리가 눕는다.

1957

Leaves of Grass

Kim Soo-Young (1921-1968)

Leaves of grass are bending
Fluttering by the East wind bringing the rain
They are bending and at last crying.
It becomes cloudy and crying more, and bending again.

Leaves of grass are bending.
They are bending before the wind.
They are crying before the wind
They are arising before the wind.

It becomes cloudy and leaves of grass are bending.
To their ankle
Below their ankle they are bending.
Bending before the wind,
They arise before the wind
Crying later than the wind,
They laugh before the wind blows.
It becomes cloudy and the grass roots are bending.

1957

눈

김수영 (1921-1968)

눈은 살아 있다.
떨어진 눈은 살아 있다.
마당 위에 떨어진 눈은 살아 있다.

기침을 하자.
젊은 시인이여 기침을 하자.
눈 위에 대고 기침을 하자.
눈더러 보라고 마음 놓고 마음 놓고
기침을 하자.

눈은 살아 있다.
죽음을 잊어버린 영혼과 육체를 위하여
눈은 새벽이 지나도록 살아 있다.

기침을 하자.
젊은 시인이여 기침을 하자.
눈을 바라보며
밤새도록 고인 가슴의 가래라도
마음껏 뱉자.

1956

Snow

Kim Soo-Young (1921–1968)

Snow is alive.
Fallen snow is alive.
Fallen snow on the yard is alive.

Let's cough.
Young poet, let's cough.
Let's cough against the snow.
To let it see freely freely
Let's cough.

Snow is alive.
For the soul and body forgetting death
Until daybreak, snow is alive.

Let's cough.
Young poet, let's cough.
Seeing the snow
Let's spit the phlegm out freely
Stagnated in the heart overnight.

1956

서시序詩

윤동주 (1917-1945)

죽는 날까지 하늘을 우러러
한 점 부끄럼이 없기를,
잎새에 이는 바람에도
나는 괴로와했다.
별을 노래하는 마음으로
모든 죽어가는 것을 사랑해야지
그리고 나한테 주어진 길을
걸어가야겠다.

오늘밤에도 별이 바람에 스치운다.

1948

Prelude

Youn Dong-Ju (1917–1945)

Until death, looking up to the sky,
I hope I won't I'd not have a speck of shame.
Even by a wind rising around a leaf
I was tormented.
With a mind singing of stars
I will love all the mortal beings.
And I should walk along the road
Which is given to me.

Tonight again, stars go past with the wind.

1948

오감도烏瞰圖 초抄

시詩 제1호

이상 (1910–1937)

13인의 아해兒孩가도로道路로질주疾走하오.
(길은막다른골목이적당適當하오.)

제1의아해가무섭다고그리오.
제2의아해가무섭다고그리오.
제3의아해가무섭다고그리오.
제4의아해가무섭다고그리오.
제5의아해가무섭다고그리오.
제6의아해가무섭다고그리오.
제7의아해가무섭다고그리오.
제8의아해가무섭다고그리오.
제9의아해가무섭다고그리오.
제10의아해가무섭다고그리오.
제11의아해가무섭다고그리오.
제12의아해가무섭다고그리오.
제13의아해가무섭다고그리오.
(13의아해는 무서운 아해와무서워하는 아해와 그렇게뿐

Ogamdo Abstract

Poem No.1

Lee Sang (1910–1937)

13 children are rushing on the road.
(The dead end is suitable for the road)

The 1st child is portrayed as terrified.
The 2nd child is portrayed as terrified.
The 3rd child is portrayed as terrified.
The 4th child is portrayed as terrified.
The 5th child is portrayed as terrified.
The 6th child is portrayed as terrified.
The 7th child is portrayed as terrified.
The 8th child is portrayed as terrified.
The 9th child is portrayed as terrified.
The 10th child is portrayed as terrified.
The 11th child is portrayed as terrified.
The 12th child is portrayed as terrified.
The 13th child is portrayed as terrified.
(The 13 children were either terrifying or terrified, and those were the only kinds getting together.

이모였소.

다른사정은없는것이차라리나았소.)

그중에1인의아해가무서운아해라도좋소.
그중에2인의아해가무서운아해라도좋소.
그중에2인의아해가무서워하는아해라도좋소.
그중에1인의아해가무서워하는아해라도좋소.

(길은뚫린골목길이라도적당하오.)13인의아해가도로질주하
지아니하여도좋소.

1934

Everything else would've been better nonexistent.)

Among them one child may be terrifying.
Among them two children may be terrifying.
Among them two children may be terrified.
Among them one child may be terrified.

(Even an open alley is suitable for the road.)
The 13 children may not rush from the alley.

1934

진달래꽃

김소월 (1902-1934)

나 보기가 역겨워
가실 때에는
말없이 고이 보내드리우리다.

영변寧邊에 약산藥山
진달래꽃
아름 따다 가실 길에 뿌리우리다.

가시는 걸음걸음
놓인 그 꽃을
사뿐히 즈려 밟고 가시옵소서.

나 보기가 역겨워
가실 때에는
죽어도 아니 눈물 흘리우리다.

『개벽』, 1922

Azalea

Kim So-Weol (1902-1934)

When you go away
Weary of seeing me,
Without a word, I will gently let you go.

Azaleas,
In Yak-San, Young-Byon,
Picking an armful, I'll scatter them on the way.

Please go step by step,
Treading softly
On the flowers laid.

When you go away
Weary of seeing me,
Never will I shed tears desperately.

Gaebyok, 1922

주요작품 해설

■ 보편성 (니키 지오바니)

소년이란 우리에게 보편적으로 다가오는 존재여야 함에 분명하다. 그럼에도 불구하고 그렇지 못한 경우가 허다하다. 이 시에서 흑인 여성작가인 니키 지오바니는 이 점에 대해서 독자들의 사회적 도덕적 관심을 환기시킨다.

보편성의 가면 뒤에 숨어 있는 열악한 환경 속에서 〈깜둥이〉란 소리를 들어야 해온 아프리칸 아메리칸(African American)들의 구체적 삶의 목소리가 독자의 양심을 일깨우는 듯하다. 〈남성〉이든 〈여성〉이든 아니면 〈어린이〉든 아니 〈어느 것〉이든 간에 자신의 정체성이란 사회 구성원 모두가 그 존재 가치를 차별 없이 인정해줄 때 〈보편성〉을 지닐 수 있는 게 아닐까?

니키 지오바니는 자신의 시작에 있어서 구두점을 사용하지 않고, 대문자도 잘 사용하지 않는다. 그녀는 산문시(prose poem)를 쓰는 흑인여성 페미니스트 작가이다.

■ 자아여행 (니키 지오바니)

「자아여행」은 흑인문명이 곧 인류문명의 기원이었으며, 종교적, 신화적, 역사적 인물의 경우에도 예외 없이 적용될 수 있음을 현대독자들이 간과하지 않도록 강조하고 있다. 이 시의 대표적 주제중의 하나는 맨 마지막 연에서 화자가 강조하듯이, 무엇보다도 억압받는 인간 개인의 〈자유〉를 향한 외침이다. 이 시가 지닌 스케일은 우주적 규모를 다루고 있음을 혹 독자들은 놓치지 않기를!

〈네페르티티〉는 기원전 14세기 이집트의 아름다운 여왕을 일컫는다. 한편 〈한니발〉은 카르타고의 왕자로서 그의 군대와 함께 많은 코끼리를 이끌고 로마에 대항했지만, 성공하지는 못했다. 그는 알프스 산맥을 넘어서 이태리 쪽으로 진군했었다. 〈새 방주(new ark)〉는 실제로는 〈뉴웍시(the city of Newark)〉를 지칭하며, 이곳에서 미국 최초의 흑인시장이 탄생하였다.

■ 대지의 시 (개리 스나이더)

대지, 즉 자연은 무한하다. 또한 대지, 자연은 인간에게 달콤함만을 가져다주지는 않는다. 이처럼 이 시에서는 인간의 역사, 이동, 꿈과 함께 해온 〈대지〉에 대한 예찬을 보여주고 있다. 이 시를 다음과 같이 번역해 볼 수도 있을 것이다.

영문의 머리 부분에 강조된 서술구문을 문장의 뒤 부분에 위치토록 해서 한글 어순에 맞게 번역한 것이다.

계속 바라볼 수 있을 만큼 넓구나
계속 이동할 수 있을 만큼 광활하구나
강인해질 수 있을 만큼 험난하구나
삶을 지속할 수 있을 만큼 푸르구나
우리에게 꿈들을 심어 줄 만큼 장구하구나

개리 스나이더는 실제 삶의 다양성과, 「어미 곰」에서 신랑신부가 연애하는 듯한 묘사에서 드러나듯이, 실제 자연 속에서 스스로 찾은 〈자연적 자아(nature self)〉를 통하여 자연에 대한 예찬을 한다.

이미 잘 알려져 있듯이 그는 일본의 선불교에도 많은 관심을 두고 있다.

■ 단지 말하려는 것은 (윌리엄 카를로스 윌리엄스)

〈냉장고 속의 자두〉를 몰래 꺼내 먹은 화자(narrator)의 고백체를 담고 있다. 간결한 문체(style)로 솔직담백한 어조(tone)를 담아 군더더기가 없고, 마치 동시를 읽는듯하다.

여기서 누구든지 어린아이의 마음을 간직하고 있지 않다면, 과연 그가 시인이 될 자격이 있을까? 아니, 그가 진정한 독자가 될 수 있을까? 나는 이러한 관점에서 독자들이 이 시를 나름대로 잘 이해했으면 하는 소망을 가져본다.

■ 이카로스의 추락을 담은 풍경 (윌리엄 카를로스 윌리엄스)

요즘 유행하는 힙합음악에서도 그렇듯이, 본래 영미시는 각운(rhyme)을 사용하여 각 행의 끝소리를 어떠한 형식 속에서 일치시키는 경향이 있어왔다. 번역에 있어서 어려운 점은 무엇보다도 이를 제대로 반영할 수 없기 때문인지도 모른다. 또한 시행의 길이와 의미의 연결성 모두를 만족시켜야 하는 번역의 경우 상당한 난관을 거쳐야 하는 작업으로, 원문에 충실하다보면, 이 둘을 동시에 만족시키기 힘들다.

이 시의 경우는 3행을 하나의 연(stanza)으로 구성된 시이며, 영시의 연의 구별 자체가 다소 어색하게도 느껴진다. 한국어로 번역했을 때엔 더 이상하게 읽힌다. 한국시의 문법에 맞게 고쳐보면 다음과 같게 된다.

브뤼겔에 의하면
이카로스가 추락한 때는

봄이었다

한 농부가 그의 밭에
쟁기질하고 있었으며
그해의
모든 구경거리는
딸랑거림으로 알려졌다

바다 가장자리
가까이
그것과
관련되어
밀랍 날개를
녹였던
햇볕 속에 땀 흘리며

대수롭지 않게
해변에서 떨어진 곳에선
아무도 알아채지 못한
첨벙거림이 있었으며

이것이
이카로스의 익사였다

■ 지하철역에서 (에즈라 파운드)

이미지즘의 선구자인 파운드의 이 단시는 워낙 유명한 작품이지만, 혹 독자들의 이해를 돕기 위해서 본문을 다시 인용하고 설

명할 필요가 있을 것 같다.

> 군중 속에 유령처럼 비쳐진 얼굴들
> 촉촉이 젖은 검은 가지 위의 꽃잎들.

> The apparition of these faces in the crowd;
> Petals on a wet black bough.

〈유령(apparition)〉과 〈꽃잎들(petals)〉이 어두운 주위환경과 기묘한 조화 또는 대조를 이루고 있다. 여기서 파운드는 시각적 이미저리(visual imagery)를 기발하게 사용하고 있는 것이다.

한편, 이 시에 나타난 상황은 과연 무엇을 말하고자 하는가? 아무래도 일반 독자들에게는 매우 낯선 상황 설정임에 분명하다. 아니면, 독자 자신들의 상상력의 결핍 탓으로 돌릴 수 있을까?

여기서 파운드는 그가 언뜻 마주쳐 보았던 두 여성들에 대해 그의 뇌리에 각인된 이미지와 상념을 〈유령〉과 〈꽃잎〉이라는 구체적 이미지와 시적 비유를 통해 다소 충격적이고 괴이하게 묘사하고 있으며, 한편으론 죽음과도 같이 어두운 주변 인물들과 대조가 뚜렷한 존재로 부각시키고자 한다.

「지하철역에서」는 물론 파운드의 일상의 경험에서 비롯된 것이다. 그는 파리의 어두운 콩코드 역에서 지하철을 내려 나오다가 그의 눈앞에 〈갑자기 나타난 아리따운 얼굴을 맞닥뜨리게 되고, 그 후 또 다른 미모의 여인을 보게 되었다(saw suddenly a beautiful face, and then another beautiful woman).〉 파운드는 자신의 갑작스런 감정을 표현할 수 있는 가치 있고 사랑스런 언어를 찾고자 하였으며, 색깔의 배열에 의해서만 나타내는 〈비재현적인 그림(non-representative painting)〉이 적절한

평형(equation)을 지닌 표현 방식이라고 생각하게 되었다.

파운드는 〈모든 시적인 언어는 탐험의 언어이다(All poetic language is the language of exploration)〉라고 주장한다. 〈이미지즘의 요점은 이미지가 장식물은 아니다〉라는 것이다. 〈이미지는 그 자체가 이야기(speech)이며, 이미지는 형식화된(formulated) 언어를 넘어 선다.〉 그리고 〈하나의 이미지의 시는 우월적 위치(super-position), 즉, 또 다른 개념 위에 하나의 개념을 지니는 형식〉이라는 것이다.

여기서 흥미로운 점은 파운드가 적확한 이미지와 적확한 단어들의 배열이 개인의 감정을 나타내는데 관계가 있다는 주장을 하는 것이다. 「지하철역에서」는 파운드가 본래 31 행의 시였던 것을 줄이고 또 줄인 것이다. 결국 파운드는 풍부하고 복잡한 인간 개인의 경험의 정수(精髓)를 증류시켜 겨우 2 행의 시를 남겨 놓았다.

이와 같은 이미지의 사용은 곧, 〈감정과 확신의 결핍(a lack of feelings and convictions)〉이 아니라 감정과 확신을 지닌 진정한 시인이 구체적인 이미지들을 사용하여, 우리의 상상력을 움직이게 할 수 있다는 파운드의 시적 주장을 담고 있지 않을까?

■ 나는 사랑한다, 고로 존재한다 (에즈라 파운드)

앞서 읽어 보았듯이 라틴어 원문은 다음과 같다.

Amo ergo sum

(*The Pisan Cantos*, 80, 493)

여기서 'ergo'는 〈그래서〉, 〈그럼으로〉란 뜻을 지닌다. 펄만

이 지적하였듯이, 사랑은 〈주관적 세계와 객관적 세계를 하나로 통일시키는 구체적 우주〉(Pearlman 280)로서 인간 존재의 근원이다.

반대로 과연, 인간이 사랑하는 마음을 전혀 갖지 않고 이 드넓은 우주 속에서 한점이라도 존재할 수 있을까? 광대한 우주 안에서라면 비록 한점에도 지나지 않을 존재일지라도, 크나큰 사랑의 마음을 지니고 있으니, 이 우주가 곧 자기 자신의 확장된 모습으로 무한히 펼쳐져 보이는 것은 아닐까?

■ 당신이 진정 사랑하는 것은(에즈라 파운드)

『피사의 시편』 제 81 편 제 520-1 행을 담고 있는 시이다. 〈엘리시움〉은 그리스 신화에 나오는 영웅이나 선인들이 죽은 후에 가게 되는 〈낙원〉이나 〈이상향〉, 또는 〈최상의 행복〉을 나타낸다는 것은 많은 독자들도 알고 있으리라. 인간은 기억을 지닌 존재이기에 인간의 삶이 세속적이고, 지옥에서와 같은 상황일지라도, 진정 사랑하는 마음을 간직하고 있다면, 다시 말해 인간의 기억 속에 사랑의 마음이 항상 존재한다면, 그것은 〈파괴될 수 없는 본질〉(Pearlman 256)이 아닐까?

■ 『시편』 36, 180(에즈라 파운드)

성聖스럽도다, 성聖스롭도다, 성교性交의 인식

사랑은 미(美)를 인식할 수 있는 사람에게만 존재한다고 말할 수 있을 거다. 단 1행으로 이루어진 이 시에서 파운드는 성(性)이 성스러운 신비를 지니며, 오디세우스와 키르케, 안케세스와 아프로디테라는 인간과 여신(女神) 간의 성(聖)스러운 결합으로 보고 있다. 신의 성(聖)스러운 사랑과 인간의 육체적인 사랑, 즉 성(性)은 과연 양립 불가능한 관계인가?

이에 대해 파운드는 〈인식론적 의미에서 인식하는 지성과 인식되는 미의 결합〉(Surette 77)을 통해 가능하다고 보며, 그 예를 오디세우스에게서 찾고 있다. 파운드에게 있어서 그는 〈탐험가로서 시인, 제의의 주재자, 지상의 지혜를 뛰어넘는 지혜를 지칠 줄 모르고 찾는 탐구자〉(Kenner 299)인 것이다.

■ 아이스크림의 황제 (월러스 스티븐스)

이 시의 제목은 대부분의 독자들에게 의문을 품게 할 것이다. 또한 전체적으로도 매우 난해한 시로서 읽혀진다. 과연 〈아이스크림〉과 〈황제〉는 어떤 관련이 있는지, 또한 하필이면 왜 〈아이스크림의 황제〉인지? 또는 〈황제〉란 단어에 거부반응을 일으키는 독자들도 있을 줄 안다.

동양적 자연 풍경에 대한 서정성과 함께 통찰력과 관조적인 시선을 속에 품고 있는 스티븐스의 시를 제대로 이해하려면, 이런 의문들을 항시 가슴 속에 지녀야 할 것이다. 언뜻 읽기에 이 시는 이해불가능에 가깝다. 그 의미는 여러 번의 되새김과 담금질의 과정을 거쳐야 비로소 그 빛을 어렴풋이나마 발할 것이다.

여기서 〈아이스크림의 황제〉란 인간의 욕망이나 열정의 추구가 〈황제〉의 권위와 영광처럼 영구불변할 것 같지만, 실제는 그 정반대로 〈아이스크림〉처럼 쉽사리 녹아 사라질 것임을 암시한다. 오독이 아니길!

공주같이 지내고 싶은 〈여자애들〉이나 출세욕에 사로잡힐 〈남자애들〉의 경우도 마찬가지 운명이지 않은가? 〈평상복〉을 입은 여자애들 모습이나 〈지난달 신문지들에 감싼 꽃〉을 든 남자애들에게서 독자들은 이를 연상할 수 있을 것이다. 육욕에 빠지고 열정에 찬 삶의 〈겉모습〉이 끝날 때, 즉 삶이 그 허울 좋은 〈겉모습의 종말〉을 고하고 죽음의 순간을 맞이할 때, 비로소 인간 〈존재〉의 본래 의미를 더 깊이 있게 깨닫게 된다는 지독한 역설(paradox)이 여기에 있는 것이다.

두 번째 연에서는 죽음을 맞이한 한 여자 시신이 뻣뻣해진 모습에서 그녀의 삶의 열정이 부질없으며, 허무하다는 것을 시각적 효과에 의해 잘 나타내고 있다. 아마도 아리땁고 미(美)를 추구하던 그 여인의 화려했던 지난날의 삶의 궤적을 나타내는 〈화장대〉와 〈천〉은 현재 각기 〈손잡이가〉 빠지고 발이 〈튀어나온〉 그로테스크한 모습으로 전락했음을 잘 나타내고 있다.

그렇다고 우리가 인생을 어떻게든 마구 포기해야할까? 이 시의 마지막 두 행(行)은 찰나적(刹那的) 삶일망정 인간의 삶과 죽음에 대한 메타포(metaphor)인, 즉 인생에 있어서 좀더 본질적인 영혼에 대한 은유라고 할 수 있는 〈등(燈)〉이 그 〈빛〉을 발해야 하는 삶의 한순간을 필요로 함을 화자를 통하여 암시하고 있는 듯하다. 그렇지 않다면, 그것은 〈등(불)〉도 생명을 연면(連綿)케 하는 〈연유〉로 만든 (아이스크림 같은) 것도 아니기 때문이다.

결국 「아이스크림의 황제」는 삶이 지닌 양면성을 냉철하게 꿰뚫어보고 포착하려는 시인의 관조적 태도를 반영하고 있는 것이다.

「아이스크림의 황제」는 성적 이미저리(sexual imagery)가 짙게 사용되어져 있으며, 양극단처럼 보이는 영원성과 찰나적 삶, 삶과 죽음에 대하여 수차례의 여과장치를 걸러서 나온 예술작품으로서 매우 철학적인 내용을 담고 있다.

이 양 극단에서 어느 한쪽에 치우쳐서 모든 걸 판단하는 것은 잘못이며 모순이다. 이 시의 화자는 삶의 가치를 포기하지도 않는다. 꺼진 〈등〉에 붙게 될 것이 〈그 빛〉이듯이 죽음과 삶은 서로 공존하며 〈존재〉의 양상을 연면히 이어갈 것임을 화자는 슬며시 또한 아주 강렬한 어조로서 내비치고 있음을 진정한 독자라면 놓치지 말아야 하겠다.

■ 눈사람 (월러스 스티븐스)

「눈사람」은 한 폭의 동양화를 떠올릴 수 있는 예술작품이다. 이시 또한 「아이스크림의 황제」 와 마찬가지로 20세기 최고의 미국시인이 내뱉은 철학적인 내용을 듬뿍 담은 자연시이다. 「눈사람」 은 그것이 지닌 은유적 특성을 잘 살려 마치 한 폭의 동양화를 보는 듯한 감흥을 불러일으키며, 로버트 프로스트의 시들처럼, 또한 그보다 더 깊은 인생론적인 의미를 지닌 자연시이다.

현실의 차가움을 고통 속에 감내하고 이겨내는 〈눈사람〉처럼 〈겨울의 마음〉과 인생의 참된 의미를 알려면 그 자신이 〈눈사람〉처럼 〈무(無)〉심(心)의 경지에 이르러야 되며, 인생의 겉모습에 〈존재치 않는 무〉와 눈 내린 겨울의 정경 그자체가 지닌 〈무(아)〉의 모습을 깨우쳐야 한다는 것을 서정적 묘사로 기술하고 있다.

인간이 일생을 통해 겪게 되는 고통과 고뇌는 단지 말이나 막연한 상상으로 파악하기 힘들다. 스티븐스는 이 시의 첫 행에서부터 이 점을 단언하고 있다. 〈(사람은) 겨울의 마음을 가져야 하리……〉

제 1 연에서 이와 같은 객관적 사실을 제 2 연에서는 화자 개인의 주관적 경험의 세계에 대입시키고 있다. 〈(근데 난) 오랫동안 추웠었지……〉 제3-4연에서 추위에 떨며 겨울 풍경을 바라보는 것과 시에 떠올리게 되는 〈불행〉은 마지막 제5연의 〈존재치 않는 무와 그곳에 존재하는 무〉로 앞뒤가 바뀌며 이어지고 있다.

결론적으로, 이 겨울 단상을 이해하기 위해서는 시인이나 독자가 이 시의 제목처럼 〈눈사람〉같은 존재여야 하며, 그럴 때 비로소 이 시에서 말하고 있는 〈무〉를 이해할 수 있다. 그리고 삶의 과정에서 적어도 이처럼 눈 오는 날과 같은 춥고 허전한 공간에서 오랫동안 떨어 본 경험을 필요로 하는 것일지도 모른다.

■ 안개(칼 샌드버그)

이 시는 시각적 이미저리(visual imagery)가 뛰어난 시로 평가 받고 있다. 여기서 재미있는 점은 고양이와 안개의 모습이 중첩되어 묘사되고 있다는 것이다. 그럼으로 〈말없이 웅크린 채〉 앉아있는 안개의 모습과 그것이 움직이는 모습을 잘 살펴서 읽어보면, 독자들은 이것이 곧 고양이의 움직임을 묘사하는 것으로도 읽혀질 수 있다는 점에서 이 시는 매우 효과적인 서술구조를 갖고 있다고 높이 평하고 싶다.

■ 가지 않은 길(로버트 프로스트)

이른바 미국의 국민시인 중 한명으로 일컬어지는 로버트 프로스트의 가장 잘 알려진 시이다. 이 시는 인생론적인 내용을 담고 있다. 즉, 인생은 〈선택〉의 연속이라고 할 수 있는데, 〈두 (갈래) 길〉이 바로 이를 나타내고 있는 것이다.

인생의 매 순간 여러 가지 중의 한 가지 선택을 해야 함에 있어서의 아쉬움과 다른 사람이 〈덜 다닌 한 길〉을 택하는 진취적이고 모험적인 정신, 그리고 마침내 그 선택 행위의 중요성이 가져다줄 〈큰 차이〉에 대하여 독자들의 각성을 새삼 일깨우는 시이다.

■ 가장 사랑스런 나무 (A. E. 하우스먼)

벚나무가 〈눈꽃 덮인〉 숲길에서 화자는 〈부활절〉에 빗대어, 자연이 지닌 〈영원한 美〉를 자신도 영원히 간직하고픈 속내를 드러내 보이고 있다. 그러려면 매일 또는 아주 빈번히 그 자연이 주는 미를 감상할 기회가 있어야 할 것이다.

하지만 인생이 지닌 한계성, 즉 시간의 파괴성에 의해, 화자는 그것이 불가능함을 분명히 깨닫고 있다. 그럼에도 불구하고 화자는 자연과의 조우(遭遇)를 위해 그 발걸음을 멈출 수도 없다. 아마도 그렇게 하는 것이 화자의 내적 삶을 개화(開花) 시켜 〈가장 사랑스런〉 생(生)의 의미를 깨닫게 해 주는 게 아닐까?

헌데 약관 20세에 이런 시적 감흥과 인생에 대한 전반적 생각을 품었다는 것은 과연 이 시를 쓴 작가가 너무 조숙한 탓일까?

여기서 부활절이란 예수의 부활을 기념하는 축일로써 춘분(春分)뒤의 첫 만월(滿月) 다음에 오는 일요일을 일컫는다.

■ 애너벨 리(에드거 앨런 포)

무엇보다도 이 시를 제대로 이해하려면, 「에너벨 리」의 음악성(melody)을 알아야 한다. 즉, 이 시를 제대로 감상하고 이해하기 위해서는 「에너벨 리」의 영어 원문에서 읽을 수 있는 운율, 반복어구, 울림소리 등에 대해 주의 깊게 살펴보아야 한다.

첫 행부터 줄곧 「에너벨 리」는 완벽에 가까운 음악성과 상징성을 짙게 내뱉고 있다. 에드거 앨런 포는 프랑스 상징파 시인들에게도 큰 영향을 끼친 시인임을 인식한다면, 〈바람〉이나 다른 자연물들이 그 상징적 의미를 내포하고 있음도 깨달아야 하겠다.

「에너벨 리」는 불행한 삶을 살아야 했던 포가 자신의 어린 아내의 죽음을 이 상징적 시를 통해 초극하고자하여 쓴 듯한 시인의 〈소리치는(sounding)〉 숨결을 애잔한 어조 속에 느껴 볼 수 있는 아주 유명하고, 널리 애송되는 시이다.

여기서 화자는 지상에서의 유한한 존재인 인간 남녀간의 순수하고 깊은 사랑이 무한한 존재인 천상의 천사들의 삶보다도 곱절 이상이나 되는 행복을 보장하는 것으로 묘사되고 있다. 또한 죽음자체를 능히 이겨낼 수 있다는 화자의 자신감(confidence)과 자유의지(free will)를 〈그녀의 무덤 속〉에 〈누워있는〉 그로테스크한 정경(grotesque atmosphere)을 통하여 역설적으로 엿볼 수 있다.

이들의 순수한 사랑의 결과로서, 부러울 게 없을 것 같은 천상의 존재가 오히려 미약한 지상의 삶을 질시하는 모순(contradiction)과 역설(paradox)이 존재한다. 이로써 포는 천상과 지상에서의 삶의 의미가 대비되고 전도(顚倒)되는 효과를 얻었다. 삶과 죽음이 이내 교차해야 하는 짧디 짧은 이승에서의 삶에 대하여 영원한 사랑의 시를 노래하여, 그 영원성을 부여한다.

실제 에드거 앨런 포는 그의 죽은 어린 아내를 기리며 자신의 대표적 명시인 「에너벨 리」를 썼으며, 이 시가 발표되기도 전에 그는 자신이 사랑하던 아내의 죽음을 뒤좇듯이 객사하고 말았다.

이러한 그의 비극적 삶과 경험에 대하여 알게 되는 독자들이라면, 그들의 마음이 더욱 비통하고 슬퍼야 하지 않을까?

■ 제프리 초서와 T. S. 엘리엇

영문학의 시조로 여겨지는 제프리 초서는 그의 역작 『캔터베리 이야기』를 통하여 T. S. 엘리엇의 『황무지』로 이어지는 장구(長久)한 영문학의 흐름을 형성해 놓았다. 이들 두 작품을 세밀히 읽어본 독자라면, 이들 간에도 상호텍스트성(Intertextuality)이 존재한다는 사실을 감지해 낼 수 있을 것이다. 14세기 말 영국 문학에 있어서 〈르네상스〉인이었던 초서의 작품에서 사용되었던 4월이 지닌 〈생명〉의 이미지가 현대라고 할 수 있을 1920년대, 새로운 문학의 융성기에 어떻게 〈죽음〉의 이미지로 뒤바뀌게 되었는지, 또한 이를 극복하기 위해 〈재생〉의 이미지가 어떻게 다루어지는지를 살펴보고 이해하게 된다면, 자아와 세계, 문학과 현대인의 삶에 대한 이해가 가능하지 않을까?

Bibliography

Abrams, M. H. gen. ed. *The Norton Anthology of English Literature.* 4th ed, Vol. I. New York: Norton, 1979.

______. gen. ed. *The Norton Anthology of English Literature* 4th ed. Vol. II. New York: Norton, 1979.

Baym, Nina. gen. ed. *The Norton Anthology of American Literature,* 3rd ed. Vol. I. New York: Norton, 1989.

______. gen. ed. *The Norton Anthology of American Literature,* 3rd ed. Vol. II. New York: Norton, 1989.

______. gen. ed. *The Norton Anthology of American Literature*, Shorter, 6th ed. New York: Norton, 2003.

Bradley, Sculley et al. ed. *The American Tradition in Literature,* 5th ed. New York: Random, 1981.

Clements, A. L. ed. *John Donne's Poetry: Authoritative Texts and Criticism.* London: Norton, 1966.

Ellmann, Richard. & O'Clair, Robert. ed. *The Norton Anthology of Modern Poetry.* New York: Norton, 1973.

Fowler, Alastair. *A History of English Literature.* Oxford: Basil, 1987.

Giovanni, Nikki. *The Selected Poems of Nikki Giovanni.* New York: Morrow, 1996.

Greenblatt, Stephen, gen. ed. *The Norton Anthology of English Literature* 8th ed. Vol. I. New York: Norton, 2006.

______. Gen. ed. *The Norton Anthology of English Literature* 8th ed. Vol. II. New York: Norton, 2006.

Lewis, C. Day. *Poetry for You.* New York: Oxford U, 1944.

Pearlman, Daniel D. *The Barb of Time: On the Unity of EZRA POUND'S CANTOS.* New York: Oxford U, 1969.

Richards, I. A. *Principles of Literary Criticism.* London: Routledge, 1967.

Snyder, Gary. *Mountains and Rivers Without End.* Washington D. C.: Counterpoint, 1996

Surette, Leon. *A Light from Eleusis: A Study of Ezra Pound's Cantos.* Oxford: Claredon, 1979.

참고문헌

김소월 2001,『김소월 시집』청목 스테디 북스 38, 청목, 서울.
김수영 2003,『김수영 전집 1-시』, 개정판, 민음사, 서울.
김수영 1981,『김수영 전집 1-시』, 민음사, 서울.
김성곤 1993,『미국문학과 작가들의 초상』, 서울대학교, 서울.
김용택 2001,『시가 내게로 왔다』, 마음산책, 서울.
김욱동 1996,『문학이란 무엇인가』, 문예출판사, 서울
김해경 1994,『이상전집』, 을유문화사, 서울.
김춘수 2000,『샤갈의 마을에 내리는 눈』, 답게, 서울.
고우영 외 2004,『나를 매혹시킨 한 편의 시』, 문학사상사, 서울.
문희경 2000,『고전영문학의 흐름』, 고려대학교, 서울.
박강순 역 2004, 캐서린 반 스팬커랜 저『미국의 문학』, 주한 미국대사관 공보과, 서울.
박인환 1986,『박인환 시집』, 범우문고 제 36권, 서울.
신동엽 1989,『누가 하늘을 보았다 하는가』, 창비시선 20, 창작과 비평, 서울.
이명섭 역 1976,『빅토리아조 영시』, 탐구당, 서울.
이병한 외 1999,『동·서양 시의 이해』, 서울대학교, 서울.
이영걸 역 1977,『19세기 미시』, 탐구당, 서울.
이재호 역 1976,『낭만주의 영시』, 탐구당, 서울.
이재호 역 1987,『20세기 영시』, 개정증보판, 탐구당, 서울.
이창준,이재호 역 1977,『17세기 영시』, 탐구당, 서울.
유 영 편 1985, *American Poetry: With Critical Notes and Essays*, 정음 문화사, 서울.
유종호 역주 1974,『호반에서 W. 워어즈워드』, 세계시인선 16, 민음사, 서울.
윤동주 외 1981,『하늘과 바람과 별과 시』, 巨岩, 서울.
조지 고던 바이런 1997,『순례』,개정판, 황동규 옮김 세계시인선 41, 민음사, 서울.
진인숙 1995,『영문학 산책』, 건국대학교, 서울.
초서 제프리 2001, 이동일, 이동춘 역,『켄터베리 이야기 I』, 한울, 서울.
천상병 1996,『귀천』, 안토니 수사, 김영무 역, 답게, 서울.
황지우 1987,『나는 너다』, 풀빛, 서울.

편저자

정길화

영산대학교 외국어대학 영어과 및 학부대학 교수이며 전공과 교양으로서의 문학 강좌를 맡아 가르치고 있다. 1999년부터 2000년에는 미국 옥스퍼드에 소재한 미시시피대학교를 방문, 미국 남부 문학에 대해 연구활동을 하였고 한국외국어대학교 영어과, 동 대학원 영어과와 서강대학교 대학원 영어영문학과에서 미국문학을 전공하였다. 20세기 미국의 최고 소설가인 윌리엄 포크너와 미국 남부문학에 대한 연구와 함께, 20세기 영미시인을 대표한다고 할 아일랜드의 시인, 윌리엄 버틀러 예이츠와 다른 주요 시인들의 작품에 대한 비평과 번역에 관심을 두고 있다.

영미시의 이해 그리고 한국시

1판 1쇄 찍음 • 2007년 2월 10일
1판 2쇄 펴냄 • 2012년 10월 25일

편저자 • 정 길 화
발행인 • 정 현 걸
발 행 • 신 아 사
인 쇄 • 예지인쇄

출판등록 • 1956년 1월 5일 (제9-52호)
서울특별시 은평구 녹번동 28-36 2F
전화 (02)382-6411 • 팩스 (02)382-6401
홈페이지 • www.shinasa.co.kr
E-mail • shinasa@chol.com

ISBN 978-89-8396-559-2

정가 *10,000*원